河合塾SERIES

10日間完成

まよわず書ける自由英作文
改訂版

小林 功・杉山俊一 [共著]

河合出版

はじめに

　近年の大学入試英語問題では，自由英作文の出題が目立ってきている。この形式の出題は，主として国公立大に見られるが，私立大でも出題する大学が少しずつ増えている。ところが，この出題形式が苦手な受験生は少なくない。それにはいくつかの理由が考えられるが，最大の理由は，「書き慣れていない」からである。書き慣れていないので，どう書いたらいいのか，何を書いたらいいのか，どういう点に気をつけなければいけないのかといったことで戸惑ってしまうのである。ということは，書き方の原則とか手順を身につけるだけでかなりの対策になると言えるはずである。

　以上のことを考慮して，本書はできるだけ短期間で自由英作文対策の基本を身につけ，本番に臨めるように編集した。合計して10日間で対策をすませられるようにしようという意図である。しかし，そんなに短期間で対策ができるわけがないという人もいるかもしれない。ある意味ではその通りである。そこで本書は，英文を書く基本的な能力をすでにある程度持っている受験生を対象にしている。とはいえ，自由英作文でよく見られる間違いを犯さないようにしないと高得点は望めないので，ある程度は基本的な文法・語法も取り上げることにした。こういった基本的な点と，自由英作文で特に必要となる事項を押さえれば，10日間で自由英作文の対策をすませることは十分可能なはずである。

　諸君の健闘を祈る。

2016年9月吉日

編者記す

目　次

DAY 1　書き方の原則
- Ⅰ．インデントを守ろう …………………………………………… 6
- Ⅱ．段落の意識を持とう …………………………………………… 7
- Ⅲ．段落の構成と語数を意識しよう ……………………………… 8

DAY 2　書き方の手順
- Ⅰ．どういう手順で書き始めるべきか …………………………… 9
- Ⅱ．メモった後どうするか　その1 ……………………………… 10
- Ⅲ．メモった後どうするか　その2 ……………………………… 12
- 入試練習問題　① ………………………………………………… 13

DAY 3　書くべき内容
- Ⅰ．課題に応じた書き方を身につけよう ………………………… 14
- Ⅱ．根拠を明確に …………………………………………………… 15
- Ⅲ．「談話の標識」の活用 ………………………………………… 16
- 入試練習問題　② ………………………………………………… 17

DAY 4　やってはいけないこと
- Ⅰ．ほとんど同じ表現や内容を繰り返す ………………………… 18
- Ⅱ．トピックセンテンスがなく，結論もない …………………… 19
- Ⅲ．文章内での完結性がない ……………………………………… 20

DAY 5　入試問題で確認してみよう
- Ⅰ．まず初めにやること …………………………………………… 22
- Ⅱ．賛成論の解答例 ………………………………………………… 23
- Ⅲ．反対論の解答例 ………………………………………………… 25

DAY 6　自由英作文で役に立つ表現　「談話の標識」
- Ⅰ．理由を列挙したいとき ………………………………………… 27
- Ⅱ．譲歩してから反論を述べたいとき …………………………… 28
- Ⅲ．例を挙げたいとき

Ⅳ．一般論化したいとき
　　Ⅴ．追加の情報を述べたいとき
　　Ⅵ．結論を述べたり，要約したり，論理的帰結を述べたいとき ……… 29
　　Ⅶ．類似性を示したいとき
　　Ⅷ．焦点を当てたり，前の部分との関連を示したいとき
　　Ⅸ．対照を成すことを述べたいとき ………………………………………… 30
　　Ⅹ．より詳細に述べたいとき

DAY 7　答案の書き方の手順を具体例で確認しよう
　　Ⅰ．書いた後に少し時間を置いてから，自分の答案をチェックする ‥ 31
　　Ⅱ．内容に関するチェックポイントを決めておく
　　Ⅲ．英語の表現に関するチェックポイントを決めておく ……………… 32
　　Ⅳ．犯しがちな間違いを防ぐために ……………………………………… 33
　　Ⅴ．正しくはどう書くべきか ……………………………………………… 34

DAY 8　減点されない答案を書くために　その1
　　Ⅰ．犯しがちな間違いを防ぐために ……………………………………… 37
　　Ⅱ．正しくはどう書くべきか ……………………………………………… 39

DAY 9　減点されない答案を書くために　その2
　　Ⅰ．犯しがちな間違いを防ぐために ……………………………………… 43
　　Ⅱ．正しくはどう書くべきか ……………………………………………… 45

DAY 10　入試本番のつもりで問題を解いてみよう
PART 1
　　Ⅰ．自分で答案を書いてみよう …………………………………………… 48
　　Ⅱ．自分の答案をチェックしてみよう …………………………………… 50
　　Ⅲ．自分がチェックした答案を清書してみよう ………………………… 51
PART 2
　　Ⅳ．犯しがちな間違いを防ぐために ……………………………………… 52
　　Ⅴ．正しくはどう書くべきか ……………………………………………… 53

LET'S TRY　入試問題演習

　50 語前後で書かなければならない場合　……………………………………… 57
　　第 1 問
　　第 2 問
　100 語前後で書かなければならない場合　……………………………………… 58
　　第 3 問
　　第 4 問
　150 語前後で書かなければならない場合　……………………………………… 59
　　第 5 問
　　第 6 問
　200 語前後で書かなければならない場合　……………………………………… 60
　　第 7 問
　　第 8 問

DAY 1
書き方の原則

Ⅰ．インデントを守ろう

　日本語で作文を書くとき，書き出しは1マス空けることになっている。英語の場合も同じで，段落の書き出しは1～2センチほど空けてから書き出すのが原則である。これを「**インデント**」(**indent**)と言う。日本語では**字下げ**と言う。字下げをしていなくても減点されないかもしれないが，されるかもしれない。したがって，字下げは守っておくに越したことがない。たとえば，次の例を見てみよう。文章の書き出しの部分である。

> **悪い例**
> The cell phone is now widely used in Japan and it seems to be changing our daily lives.

　左側の書き出しで字下げをしていない。これはまずい。段落の書き出しは1～2センチほど空けるべきである。

> **良い例**
> 　　　　The cell phone is now widely used in Japan and it seems to be changing our daily lives.

　この場合は，1～2センチほど空けているので問題がない。□□□は，ここを空白にするという意味である。インデントをするのをうっかり忘れがちであるが，自由英作文では書き方に関する基本的な約束事なので，しっかり守るようにすべきである。

ここにも注意

　インデントは，自分で初めから英文を書き始める場合に守るべきことであり，書き出しなどが与えられている場合は，スペースは取らずに続けて書けばよい。たとえば，
　　　From the moment I found that I had overslept, I knew it was going to be a bad day. ＿＿＿＿＿＿＿＿＿＿＿＿＿＿＿＿＿＿＿＿＿ のように，「与えられた英文に続けて文章を書け」というような問題では，インデントは関係がない。

Ⅱ．段落の意識を持とう

次のような入試問題が出題されたことがある。

> **問題** 次の文章を読み，あなたの考えを 80 語程度の英語で書きなさい。最後に語数を記入しなさい。
>
> 　大学入学試験こそが日本の英語教育をゆがめ，日本人の英語能力を低くしている元凶なので，入試から英語を外すべきだという意見がある。受験のための英語の勉強が面白くないので苦痛であり，そのせいで英語嫌いの学生が増えているというのである。
> 　　　　　　　　　　　　　　　　　　　　　　　　　　静岡県立大・改

この問題に対して，下のような答案を書いた受験生がいた。細かな表現は気にせず，書き方の形式面だけに注目してみよう。

受験生答案例

I agree with this idea.　　　　　空白
One reason is that, though junior and senior high school students spend many hours studying English for university entrance exams, few of them can make themselves understood in English with foreigners. 空白
The other reason is that many young people lose interest in English only because they are forced to learn a type of English which is too difficult and useless for communication.

この答案の大きな欠点は，少なくとも2点ある。
① インデント，つまり字下げをしていない。
② 段落の意識がない。1文ごとに行を変えている。 空白 とある部分はあってはならない。文を続けて書かなければならない。

この答案を書いた学生は，英作文力がかなりあると思われる。ところが，自由英作文でこういう書き方をしたら，確実に大きな減点をされるだろう。1つの段落には，通常1つのテーマがある。そのテーマをめぐって文章を書く。そうすることで1つの段落を構成する。したがって，段落の意識を持って，1つのテーマに関しては1つの段落で書くようにしよう。

Ⅲ. 段落の構成と語数を意識しよう

　文章を構成するとき，段落はいわばその土台のようなものである。土台がしっかりしていないと文章全体がもろくも崩れてしまいかねない。「主たる考え，つまりテーマを支えるいくつかの文の集まりが，意味を成す集合体」になるように，1つの段落を構成するようにしよう。具体的に言うと次のようになる。

① **トピックセンテンスを述べる**
　　何についてどう思うのかをトピックセンテンス（ふつうは第1文）で簡潔かつ明確に述べる

② **トピックに対する，傍証，具体例，詳細などを述べる**
　(1) 賛成論を述べるにしても，反対論を述べるにしても，なぜそう思うのか，具体的にどういうことがあるからそう思うのか，などのことを述べる。
　(2) 具体例などを挙げる場合は，その例がなぜ，どのようにトピックに関わるのかわかるように明確に述べる。

　以上のことを述べようと思うと，これだけで50語から80語くらいは優に必要になる。したがって，<u>1つの段落が必然的に50～80語くらいの長さ</u>になる。語数は1つの段落を構成する絶対的な条件ではないが，一般的にはこの程度の長さになってしまう。1つの段落は，50語前後とか，1ページの半分くらいで構成すべきであるというアドバイスは，絶対的なものではないが，多くの場合，ほぼそのくらいの長さになるので，そのように思っていたほうが実践的である。1つの段落は最低50語くらいで書くようにしよう。

❖ ここにも注意 ❖

　当然ながら，「30語程度で書け」という問題文では，30語前後で書けばよい。「150語で書け」という指示ならば，150語÷50語＝3なので，3つくらいの段落で書くのが普通である。2つでもよい。150語全体で1つのテーマについて述べる場合は，段落が1つでもよい。

DAY 2
書き方の手順

Ⅰ．どういう手順で書き始めるべきか

　受験生によく見かけるのは、「さあ何を書くべきだろう」と困って、前に進めないケースである。ただ、漠然とさあ何を書こうかと思っても、書くべきことが思いつかないことがよくある。それゆえ、自由英作文に解答する場合はどういう手順で書くか、自分なりに書く手順を決めておくとよい。たとえば、以下のような手順が一般的である。

① 問題文をきちんと読む

　自分の意見を述べるべきか、自分の経験を述べるべきか、与えられた英文の要旨を述べるべきかなど、出題者が求めていることをきちんと念頭に置かなければならない。当然のことである。ところが受験生の中には、問題文をきちんと読まずに、見当違いのことを書いてしまう人がいる。「例を3つ挙げて」と指示があるのに1つしか例を挙げていないことなどもある。

② 書く内容を明確にする

　自由英作文では原則的には英語力が問われるだけなので、自分の思っていることを相手にわかるように伝えればよい。「経験談を述べよ」という指示文では、自分が本当に経験したことを述べなくてもよい。仮想の経験談でもよい。とにかく、英文で自分の考えを伝えられるかどうかが問われることを忘れないようにすべきである。

③ 具体例や根拠をメモする

　自分の書きたいことについて、思いつくまま具体例や根拠を4つくらい書き出してみる。4つが無理ならば、3つでもよい。

④ どうしても何も思いつかないときは、連想ゲームをする

　たとえば、テーマが「安楽死」だとしたら、この言葉から連想することを箇条書きにしてみるのである。何でもよい。思いつくまま書き出すのである。「長寿」、「医学」、「個人の意思」、「病気の苦しみ」、「若者と老人」、「生きるとは」、など何でもよい。この中から、具体例を思いつきやすいものや、書きやすいものを2つ〜4つ選んで、英文にしていけばよい。

Ⅱ．メモった後どうするか その1

たとえば，DAY 1 で取り上げた問題のメモの例を挙げれば以下のようになる。

STEP 1　メモを作る

1　英語を入試科目から外すべきではない ⇐トピックセンテンスにする
2　理由
　①　さらなる英語力の低下を招きかねない
　②　問題は大学入試で問われる内容のほうである
　③　動機付けの模索が必要
（80 語程度と指示されているなら，2〜3 の理由があれば十分）
3　英語教育の真の目的を明確にすべき ⇐トピックセンテンスを強化する

STEP 2　2で挙げた理由について論理的かつ具体的に詰める

　上で挙げた理由の各々について，トピックセンテンスとの関連でより詳しく述べる。まず「①　さらなる英語力の低下を招きかねない」について。

　「なるほど入試に出るから仕方なくやる，いやいややっているから力が付かない。しかし，だからといって英語を入試科目から外すべきであることにはならない。外したらますます英語力の低下を招くことになる。」

などのような内容を考えたとする。そこで，次に，何かある具体例を挙げる。「聞いた話によると」「ある新聞によると」などのように，自分の主張を支える例を挙げる。たとえば，「入試科目に英語がない大学の学生は，大学での英語の授業が成立しないほどひどい英語力しかないということをある新聞で読んだ」のような内容のことを英語で簡潔に書くとよい。ただし，上のように日本語で詳しく書き出さないことである。なぜなら，日本語で考えるときは，結構難しいことを考えられても，それを英語で表現できないことがよくあるからである。あくまでも<u>本当にポイントとなると思われる点だけを簡単にメモする</u>だけにして，その後は英語で書き始めること。

STEP 3　語数の確認をする

　ここまで英語で書いたら，語数を確認してみる。もし指示された語数に近い語数になっていたら，あとは，まとめに入ればよい。語数がやや不足していたら，英文を見直して語数を増やせるところを増やせばよい。かなり不足していたら，さらにもう1つの理由を追加するとよい。

STEP 4　最後に結論を

　トピックセンテンスとして初めに述べたことを，最後に結論としてまとめると文章が引き締まる。ただし，トピックセンテンスをほぼそのまま繰り返すのは好ましくない。言い回しを変えるとよい。（もっとも，語数が足りているならば，結論はなくてもよい。）たとえば，トピックセンテンスは，「英語を入試科目から外すべきではない」なので，それを繰り返すのではなく，以下のように，やや表現を変えて，トピックセンテンスの内容を強化するのである。

　たとえば，以下のような内容のことを最後に述べたいと思ったとする。

考えた内容

「このように，入試科目から英語を外せば，高等教育機関を卒業した人でさえ英語力がないことになりかねない」

　しかし，こういった内容をきちんと日本語で書き出すのではなく，大ざっぱにこういう内容のことを書こうということで，あとは英語で考えて文にすればよい。たとえば，

> If English is not included in university entrance exams, it is probable that even Japanese people who have graduated from university will not be able to communicate in English at all.

> 英語が大学入試に含まれていなかったら，大卒の日本人でさえ英語で意思疎通がまったくできないということになるだろう

のように，自分が書ける英語で書けばよいのである。

Ⅲ．メモった後どうするか その２

　もし，語数がまだ満たされていない場合は，「②　問題は大学入試で問われる内容のほうにある」をもう１つの理由として述べればよい。そこで，たとえば，以下のようなことなのだと考えて，簡単にメモをとる。下線部がメモする箇所として考えられる部分を示している。

> **考えた内容**
> 　「コミュニケーションに無関係な，細かなことにこだわる<u>文法問題</u>などが数多く出題されることがある。それで英語嫌いになる人がいるのだから，<u>大学入試で問われる内容を変えればよい</u>のである。たとえば，口頭で何かを発表させる，グループでディスカッションをさせる，ニュースを聞かせて要点を書き留めさせる，などの入試形式にすればよい。つまり，英語を入試科目にすべきかどうかではなくか，出題内容を変えればよいのである」
>
> **例**
> 　自分の経験「夏休みに１週間，<u>イギリスに行った</u>。すぐにイギリス人の友だちができていろいろ話そうとしたが，歯がゆいほど<u>自分の考えを伝えられなかった</u>。英語は得意で入試でも高得点をとれると思っていたのに，自分にがっかりした」
>
> **まとめ**
> 　「英語を入試科目から外すかどうかではなく，入試問題でどういう英語力が問われるかが問題である。<u>文法問題</u>をほぼ100％正解できても，<u>意思疎通ができる</u>ことにはならない。発信型のコミュニケーションでは話すことが最も重要であるのに，入試問題は違う。そのことが英語嫌いの人を作り出している。ゆえに，英語を科目から外すかどうかの問題ではないのだ。」

　こういった内容をごく簡潔にまとめても優に70～100語前後は埋まってしまうだろう。ならば，３つ目の理由は入れる必要がなくなる。あるいは，３つ目に関してどういうことを述べたらよいのかわからないとしたら，やはりやめてしまえばよい。要するに，<u>説明が思いつきやすく，書きやすい事柄だけをさらに詳しく述べればよい</u>のである。

入試練習問題 ①

模範解答例　別冊 p.4

問　次の設問について，50語程度の英文を書きなさい。

What kind of career do you want to have after you graduate? Describe your ambitions and goals for the future.　　青山学院大

解答欄

(　　　words)

DAY 3
書くべき内容

Ⅰ．課題に応じた書き方を身につけよう

　入試問題の自由英作文の課題は，大ざっぱに分けると以下のようになる。

> 1　あるテーマに関して自分の意見を述べる（賛成か，反対か，保留か）
> 2　課題文（英文，和文，会話文など）を読んで，意見や希望などを述べる
> 3　絵，漫画，図表などを見て説明する，または物語などを自分で創造する
> 4　道案内など，何らかの案内文を書く
> 5　自分の経験談を書く，または仮想のテーマについてどう考えるかを述べる
> 6　語句や事象の説明をする
> 7　自分の好きな町，感動した本，好きなテレビ番組，やりたいこと，伸ばしたい技能などについて述べる
> 8　与えられた語句を用いて書く

などである。

　こういったさまざまな出題がなされるので，ワンパターンの書き方ではすまなくなる。たとえば，3，4，6などでは，トピックセンテンスをまず書くという手順は不要になる。思ったことを順に書けばよいだけである。したがって，どういう形式で出題されたら，どういう書き方をしたらよいのか，いくつかの形式に慣れておくとよい。実際に英語で解答を書いてみる必要はない。解答例を見て，なるほどこういう書き方ができるのか，ということを確認するだけでも有効である。さまざまな出題例に対する例は，別冊の付録に掲載してあるので，ざっと目を通しておくとよいだろう。

　たとえば，漫画とか絵を見て説明する形式ならば，一般論を挿入させる場合は別として，英文全体を現在時制（必要に応じて現在完了形），あるいは過去時制（必要に応じて過去完了形）で統一する必要がある。過去時制と現在時制を混在させないことである。こういったことを確認するだけでも減点されない答案を書けるようになるはずである。

Ⅱ．根拠を明確に

　何かを主張するときは，その根拠となること，理由と言えることを述べなければならない。たとえば，「TPP（Trans-Pacific Partnership：環太平洋パートナーシップ）協定に参加すべきだと思う」と言ったとする。しかし，それだけ述べて終わりにすると相手を納得させることができない。「なぜ賛成なのか」「どういうメリットがあるから賛成なのか」「デメリットをカバーできるだけのメリットがあるのか」などのことを1つでも述べないと，せっかくの主張も説得力がなくなり，採点官に好印象を与えることができない。

　もし，ある主張をしようとしても，その主張の根拠を明確に述べることができない場合は，思い切ってその主張は捨てることである。そして，別の主張を考えるのである。ときには，逆の「TPP協定には参加すべきではないと思う」としてもよい。そのほうが根拠を述べやすければそちらを選べばよいのである。

　いずれにせよ，根拠を明確に述べるように心がけよう。たとえば，「ある統計によれば日本人の〇〇％が～だから」「1965年に日本は〇〇したから」のように，統計に基づく数字や，歴史的な事実を挙げるなどして，裏付けになることを述べるのである。とは言っても，統計によるそんな正確な数字は知らないし，歴史的な事実であると知っていても年代はうろ覚えであるという人もいるだろう。ならば，「多く」「大多数」「一部の人たち」のような漠然とした表現を用いればよい。また，歴史的な事実にしても，「〇〇世紀に」「だいぶ昔に」「以前」「かつて」などの表現を用いて，正確な年代を言わなくてもかまわない。大事なことは，相手を納得させられるように論を展開することなのである。そのために自分の考えの根拠を述べるのである。

Ⅲ.「談話の標識」の活用

　学生の答案を見ていると，ただ，文を列挙しているだけに見えるときがある。なぜ，ある文の後にある別の文が来ているのか推測さえできないのである。1つの段落の中で，1つ1つの文は有機的に結びついていなければならない。だから，文と文がどうつながっているのかを明確に示す必要がある。

　たとえば，「AはBと条約を締結した。<u>それゆえに</u>，BにはAに対してはもはや支払いの義務はない」とか，「AはBが自分の領土だという。<u>しかし</u>，その証拠を示す歴史的資料はほとんどない」といった文章では，下線部の語（「それゆえに」「しかし」）は，前後の文の論理的関係を明確に示している。英語では，こういった論理的な関係を示す語句を **Discourse Marker**「談話の標識」と言う。この「談話の標識」をうまく活用すると，うまい書き方の英文となり，採点官に好印象を与えることができるはずである。

　もっとも，前後の文の意味関係が明白であるならば，「談話の標識」の役目をする語句は使うまでもない。第三者のつもりで読み直して，意味関係が明白でなければ「談話の標識」を示す語句を入れたほうがよい。以下の英文中の太字の語が「談話の標識」としての役目をする語句である。これらの語句がある場合とない場合とを比較してみると，その働きがよくわかるはずである。

　The idea of prohibiting privately-owned cars has some good points and some bad points. In cities, exhaust gases from private cars pollute the air. **And besides**, they cause problems for public transport; there are so many cars that buses can hardly move. **On the other hand**, many people cannot do without their cars, and everyone should have the right to go for a leisurely drive from time to time. I believe that ordinary people should have the right to own cars, **but** should only be allowed to use them at certain times and places, **for example**, not in city centers, and not during rush hours.

入試練習問題 ②

DAY 3　書くべき内容

模範解答例　別冊 p.6

> 問　次の言葉について，20語(words)程度の英語で説明せよ。
>
> 　　寿　司　　　　　　　　　　　　　　　　　　　　岩手大

解答欄

_____

_____

_____
　　　　　　　　　　　　　　　　　　　（　　　words）

DAY 4
やってはいけないこと

Ⅰ．ほとんど同じ表現や内容を繰り返す

　自由英作文の問題を解いている学生を見ていると，問題文を見るや否や書き始めている学生をたまに目にする。そういう学生が5分ほど後にどうしているかと思って見てみると，行き詰まってたいてい，頭を抱えて考え込んでいる。先のことを考えずぱっと思いついたことをまず書き始めているのだと思う。そして，後が続かなくなるのである。いきなり書き始めるこういったタイプの受験生に特に見られるのが，「同じような表現や内容を繰り返す」ことである。なぜ，そういうことになるかというと，いざ書き始めたが，文を1つか2つ書いた後で，さて今度は何を書こうかと考えて，時間をロスし，時間切れになりそうになって，「もういいや，何でも書けばいいだろう」という感じで結果的に同じような内容のことを書いてしまうのだろう。このようにならないようにするために，初めに，トピックが何で，それについての根拠は何で，具体例としてどういうことを挙げられるかをしっかり考えてから書き始めるべきである。

　書いた英文がどれほどきちんとしていても，似たような内容の文を繰り返し書いたら採点官に非常に悪い印象を与えてしまうだろう。
① 説得力がない
② 同じことをくどくど述べている
③ 文章に深みがまったくない
などの印象を与えてしまい，大きな失点になりかねない。やはり，初めに土台をしっかりさせよう。

　また，内容的には同じでも，異なる語句を用いて書くと，よりよい印象を与えることができる。たとえば，「私は〜と思います・私の考えでは」と言いたいときに，I think ... を100語程度の英文の中で3度も4度も使うのは避けたほうがよい。以下のどれかを織り交ぜて使うほうが，I think を何度も使うより印象がよくなる。

In my opinion / To my mind / In my view / I believe / It seems to me that... / It is my opinion that... / From my point of view / To my way of thinking など。

Ⅱ．トピックセンテンスがなく，結論もない

　要するにどういうことを言いたいのかを明確に書いていない答案が見られることがある。つまり，トピックセンテンスや結論がないのである。初めにトピックセンテンスを書くとよい。初めでなければならないことはないが，初めに書くほうがその後の書き方が楽になる。そして，根拠や例などを挙げて説明し，最後に「それゆえにトピックセンテンスで述べたようなことになるのだ」とまとめるのである。

　ただし，結論ではトピックセンテンスとまったく，あるいはほぼ同じような表現を繰り返してはならない。また，出題語数が「50〜70語程度で書け」という問題の場合は，トピックセンテンスがあれば，最後の結論的な表現はなくてもよい。それを入れられるほどの語数を書けなくなることが多いからである。たとえば，次のような書き方は避けるべきである。やや減点されても致し方ない。

> **問題**　小学校から英語の学習を始めるべきかどうかという問題について，賛成・反対・保留いずれかの立場を明確にした上で，その理由を英語(70語前後)で述べよ。　　　　　　　　　　　　　　　　　大阪市立大

　この問題に対して，以下のように書くのはまずい。

　　<u>I think that English should be taught at elementary schools</u>. The first reason is that it is easier to learn to pronounce English well when you are young. The second reason is that young children are good at memorizing foreign words. The last reason is, you can get a broader view of the world. That's why <u>I think that English should be taught at elementary schools</u>.

　トピックセンテンスとしての最初の下線部と，結論としての2つ目の下線部はまったく同じ文になっている。こういう書き方は非常に印象が悪い。2つ目の下線部は，たとえば，it is good for children to start to learn English as early as possible と書くことによって，トピックセンテンスを強化する内容ではあるが，同じ英文の繰り返しにしないのである。

Ⅲ．文章内での完結性がない

かつて東大の自由英作文に下のような問題が出題されたことがある。

> **問題** 次の英語で示された見解に対して，賛成，反対，いずれかの意見を英語で述べよ，賛成の場合は I agree with this idea で，反対の場合は I disagree with this idea で書き出し，その語句を含めて 40～50 語程度にまとめること。文はいくつに分けてもよい。（内容よりも作文能力を問う問題であることに注意せよ。）
>
> Young people in Japan should have the right to vote in elections from the age of eighteen. 　　　　　　東京大

与えられた指示に従えば，たとえば，以下のように書かざるをえない。

<u>I disagree with this idea</u>. Most Japanese teenagers still depend on their parents for their living, and few of them have enough knowledge of politics or administration. Therefore I don't think they are capable of judging politicians or choosing the course of the Japanese government at this age. (48 words)

ということは，一般的に自由英作文の書き出しで I agree with <u>this idea</u>. でよいということになるのか。よくない。なぜならば，いきなり I agree with this idea. という文を読んだ人は，this idea とは何を指して言っているのかわからないからである。ネイティブ・スピーカーはこういう答案を見ると，ほとんど必ずよくないと言う。問題文を読んで初めて this idea の内容がわかるということになるからだろう。自由英作文の解答は，その答案の中で完結性を持っているのが原則である。したがって，採点官が仮に問題文を読んでいなくても，<u>答案の中だけで言いたいことが完結している</u>ように書くほうが好ましい。

ならば，上記の東大の問題はどういうことなのかと不思議に思う受験生もいるだろう。この疑問を解消するには，もし「賛成の場合は I agree with this idea で，反対の場合は I disagree with this idea で書き出し」という指示がないとどうなるかを考えてみるとすぐにわかる。たとえば，出だしが次のような解答になる可能性がある。

例 I agree that <u>young people in Japan should have the right to vote in elections from the age of eighteen</u>.

これだけで 20 語になってしまう。この解答はこれで間違いではない。しかし，40〜50 語程度でまとめるべき自由英作文において，与えられた英文で 20 語が埋められてしまえば，ほとんど出題の意味がなくなってしまう。そこで，出題者は与えられた英文を使わせないで，ある一定の語数を書かせるためにこの指示を入れたのであろう。I agree with this idea などのように書き始めるのが普通だからそういう指示を与えた，というわけではない。

　普通は，解答はできるだけ解答内で完結性を持たせたほうがよい。いきなり this / this idea / the view などの表現を使うのは避けたほうがよい。上の東大の問題がただ単に以下のようだとしよう。

問題　次の英語で示された見解に対して，賛成，反対，いずれかの意見を英語で述べよ。60〜70 語程度にまとめること。文はいくつに分けてもよい。（内容よりも作文能力を問う問題であることに注意せよ。）

　　Young people in Japan should have the right to vote in elections from the age of eighteen.

それならば，以下のように書くことができる。

　<u>I agree with the view that young Japanese aged 18 years or older ought to have the right to vote in elections</u>. Eighteen-year-olds can get married with their parents' permission and get a driver's license. On top of that, some of them start to work in society after graduating from high school. Surely they are old enough to make political choices too. (62 words)

DAY 5
入試問題で確認してみよう

Ⅰ．まず初めにやること

たとえば，下の入試問題で考えてみよう。

> 問題　Write at least 100 words of English about this.
>
> 　　　The death penalty should never be used.

１．指示文をしっかり読む

まず，①最低 100 語で書かなければならない。次に②死刑は絶対廃止すべきであるという考えに対してどう思うのかを述べなければならない。この２点は絶対押さえなければならない。特に at least とあるのを忘れて，98 語とかで書いたら語数不足で確実に減点される。

２．書く内容をメモする

(1)　トピックセンテンス　　死刑廃止に賛成である
(2)　賛成理由
　　①　どの命も貴重
　　②　憎むべきは犯罪であって，人ではない
　　③　更生の可能性が誰にでもある
　　④　社会奉仕をさせるべき
(3)　結論　　廃止によるメリットのほうが多い

以上のように，メモがすんだら，全体の流れを決める。しかし，全体の内容を日本語で全部書いてしまうことは決してやってはならない。なぜなら，日本語で考えるときは，結構難しいことを考えられても，それを英語で表現できないことがよくあるからである。いわば，自分で和文英訳の問題を作って，「さあ英語に訳してごらん」と言っているようなことになりかねない。それに，日本語で書き出すだけでも時間がかかる。流れが決まったら，実際に英語で書き始めるようにしたほうがよい。

Ⅱ. 賛成論の解答例

　指示された語数は，最低100語なので，常識的には100～120語程度でよい。時間の余裕があれば，140語とか150語でもよいが，長ければ長いほど得点が上がるというわけではないので，ほどほどの長さにしておくべきである。

　まず，賛成論の解答例を挙げよう。

> **賛成論の解答例**
>
> 　I agree that the death penalty should never be used. **First**, however bad a person is, there is always a possibility that he or she will improve and become a good person. If criminals are killed, they have no chance to make up for their crimes. **Second**, it is well known that during the 20th century, there were many occasions on which an innocent man was believed to be guilty, and suffered the death penalty. The only way to avoid this kind of mistake is to abolish the death penalty. **Finally**, any country should set a good example to its citizens. If it is wrong for citizens to kill people, then it is equally wrong for the country to kill people. （121words）

注　この賛成論では3つの理由が述べられている。しかも1つ1つの理由がそれほど長くはない。したがって，ここでは全体が1つの段落として書かれている。しかし，p.8の最後で触れてあるように，いくつかの段落に分けても構わない。たとえば，別冊p.65には，いくつかの段落に分けて書かれた解答例が掲載されているので，参照してみよう。

⑴　I agree that <u>the death penalty should never be used</u>.
　　トピックセンテンスとして，賛成か反対かをまず明確にする。下線部は与えられた問題文中の英文である。このようにちゃっかり指示文中の英文を借用すると，これだけで7語埋まる。

⑵　First, however bad a person is, ... 以降，最後までで，賛成する理由が3つ述べられている。100語以内ならば，理由を2つにすればよいだろう。また，150語程度ということであれば，最後にまとめ的な文を1～2文加えてもよい。

(3) 賛成論を述べるときはなぜ賛成か，反対論を述べるときはなぜ反対かを述べなければならない。その場合，First / Second / Finally という言い回しは非常に有益である。(**DAY 6** の「**談話の標識**」を参照)

- **agree that** 節「～ということに賛成である」＜賛成論を述べるときは，以下の表現も役に立つ。**It is right to V / It would be right to V / It is a good idea to V** ＞
- the death penalty「死刑」　　□ a possibility that 節「～する可能性」
- improve「更生する」　　□ a criminal「犯罪者 / 犯人」
- **make up for O**「O を償う」　　□ crime「犯罪 / 罪」
- It is well known that 節「～ということはよく知られている」
- an occasion「場合」　　□ innocent「無実の」　　□ guilty「有罪の」
- suffer O「O を受ける / O を被る」　　□ avoid O「O を避ける」
- abolish O「O を廃止する」　　□ **set a good example to O**「O に対して模範を示す」
- a citizen「国民 / 市民」

> 死刑は決して行うべきでないという意見に賛成です。まず第一に，どんなに悪い人でも，その人が更生して善良な人になる可能性が常にあるからです。もし犯罪者が殺されれば，自分の罪を償う機会がなくなってしまいます。第二に，20世紀には，無実の人が有罪だと信じられて，死刑になったことが少なからずあったことがよく知られているからです。この種の過ちを避ける唯一の方法は，死刑を廃止することです。最後に，どの国家も国民に対して模範を示すべきです。国民が人を殺すことが間違っているのなら，国家が人を殺すことも同様に間違っているのです。

ここにも注意

If ～, then ...「～ならば，(その場合には)…」は，この形でよく使われる。この場合の then は，「その場合には」という意味であり，書かなくてもよい。

例　**If** you have any problems, **then** send me an e-mail.
（何か問題があればメールをください）

Ⅲ. 反対論の解答例

今度は，反対論の場合の解答例を挙げよう。

> **反対論の解答例**
>
> I am against the abolishment of the death penalty. **First of all**, I believe that people who have committed serious crimes, especially murder, should never be forgiven for what they have done. The victims of murder cases will never be able to return to life, so those who have killed them should never be allowed to live on, either. **In addition**, the relatives of the victims will never be relieved from the emotional pain of the loss of their loved ones as long as the criminals are alive. **Therefore**, I think that people who have committed extremely serious crimes deserve capital punishment. (102 words)

(1) 出だしの文 I am against the abolishment of the death penalty. がトピックセンテンス。

(2) First of all 以下で1つめの理由を述べ，In addition 以下で2つめの理由を述べている。

(3) 最後の文で，第1文で述べた立場を言い換え，また情報も付加して結論を述べている。

　また，解答例の中の太字にも注目しよう。いずれも「談話の標識」の役目をする語句である。**DAY 6** で「談話の標識」についてまとめてあるので確認してみよう。答案を作る際にとても役に立つはずである。

☐ **be against O**「Oに反対である」　☐ **the abolishment of O**「Oの廃止」
☐ **first of all**「まず第一に」　☐ **commit a crime**「犯罪を犯す」
☐ **a serious crime**「重罪」　☐ **especially**「特に／とりわけ」　☐ **murder**「殺人」
☐ forgive A for B「B(罪など)のことでA(人)を許す」　☐ **a victim**「犠牲者」
☐ a murder case「殺人事件」　☐ return to life「生き返る」
☐ allow O to V「Oが〜するのを許す」　☐ live on「生き続ける」
☐ not 〜 , either「…もまた〜ない」　☐ **in addition**「さらに／そのうえ」
☐ relatives「肉親／親族」　☐ relieve A from B「A(人)をB(心配・苦痛など)から解放する」
☐ the emotional pain「精神的な苦痛」　☐ the loss of O「Oを失うこと」
☐ one's loved ones「自分が愛する人たち」　☐ as long as 節「〜する限り」

- □ **therefore**「したがって / それゆえに」　　□ extremely「極めて / 極度に」
- □ **deserve O**「O（賞賛・罰則など）を受けるに値する」
- □ **capital punishment**「極刑 / 死刑」

　私は死刑の廃止に反対です。まず第一に，重罪，特に殺人を犯した人たちは自分のしたことに関して決して許されるべきではありません。殺人事件の犠牲者は生き返ることができないのですから，彼らを殺した人たちも生き続けることを許されるべきではないのです。さらに，犠牲者の肉親は，犯人が生きている限り，愛する者を失った精神的な苦痛から解放されることはないでしょう。したがって，極めて重大な罪を犯した人たちは極刑に値すると私は思います。

DAY 6

自由英作文で役に立つ表現 「談話の標識」

「談話の標識」(Discourse Marker) の役目を果たす語句のほとんどは副詞句であり，文頭に置かれるのが普通である。「談話の標識」とは，話し手が，今言っていることと，すでに言われたこと，あるいはこれから言うことが前後の文とどういう意味関係になるのかを示す表現のことである。また，その他の論理関係を示す働きをすることもある。

Ⅰ．理由を列挙したいとき

◆ **This is because** 節「これは～だからである」

◆ **One reason for this is that** 節「これの理由の1つは～である」

◆ **One reason is that** 節「1つの理由は～である」(= This is partly because 節)

◆ **The main reason is that** 節「主な理由は～である」

◆ **Firstly / First / First of all / To begin with / To start with / In the first place**「まず第一に」

　例　There are two reasons against giving the position to Mike. **To begin with**, he doesn't have much experience. **Besides**, there are few people who support him.
（マイクをその地位につけるのに反対する理由は2つある。まず，あまり経験がないということ。それに彼を支持する人がほとんどいないということだ。）

　この例では，To begin with「まず第一に」と言って，2つ目の理由を Besides 以下で述べている。

◆ **Secondly / Second / Next / In the second place**「第二に」

◆ **Thirdly / Third / In the third place**「第三に」

◆ **Lastly / Last / Finally**「最後に」

◆ **For one thing, ～. For another, ….**「1つには～。もう1つには…。」

Ⅱ．譲歩してから反論を述べたいとき

「なるほど［もちろん / 確かに］〜だが…」という論の展開は，非常に有効である。その場合は，It is true (that) 〜 / Of course 〜 / Certainly 〜と書き出す。その後で，but / however「しかしながら」，nevertheless / still / yet / even so / all the same「それでも / それにもかかわらず」と続けるパターンである。

> 例　**It is true** she is a good scholar, **but** she isn't good at teaching.
> 　　（なるほど彼女は優れた学者ではあるが，教え方がうまくない）

Ⅲ．例を挙げたいとき

◆ **for instance / for example**「たとえば」

◆ **in particular**「特に」

Ⅳ．一般論化したいとき

◆ **on the whole / in general / by and large**「概して / 一般的には」
> 例　**On the whole**, I prefer Keats' poems to his prose.
> 　　（概して私はキーツの散文より詩のほうが好きだ）

◆ **to a great extent**「かなりの程度」　**to some extent**「ある程度」

◆ **broadly speaking**「大ざっぱに言えば」

◆ **in all cases**「あらゆる場合」　**in most cases**「ほとんどの場合」
in many cases「多くの場合」　**in some cases**「場合によっては」

Ⅴ．追加の情報を述べたいとき

◆ **moreover / in addition / as well as that / on top of that / another thing is / what is more / besides**「おまけに / その上 / さらにまた」

Ⅵ. 結論を述べたり，要約したり，論理的帰結を述べたいとき

◆ **therefore / as a result / consequently / so / then**「それゆえ / 結果的に / だから」

◆ **in conclusion**「結論として」　　◆ **to sum up**「要約すると」

◆ **briefly / in short**「要するに」

　例　A child is most intelligent when the reality before him arouses in him a high degree of attention, interest, concentration, involvement — **in short**, when he cares most about what he is doing.
　（子どもが一番知性を発揮するのは，目の前の現実が自分に強い注意力，興味，集中力，熱心さを引き起こすとき，要するに，自分自身がやっている事柄に一番強く関心を持つときである。）

Ⅶ. 類似性を示したいとき

◆ **similarly / in the same way**「同じように / 同様に」

Ⅷ. 焦点を当てたり，前の部分との関連を示したいとき

◆ **talking of [about] O / speaking of [about] O**「O はどうかと言えば」
　今言ったばかりのことと関連のあることを述べるのに使う。

◆ **as for O**「O については / O はというと」
　前で述べた話題に関連した新しい話題を導入する。

◆ **regarding O / as regards O**「O に関しては」

◆ **as far as S is concerned**「S に関する限り」

　例　Winter is the most pleasant season **as far as** I am concerned.
　（私に関する限り，冬が一番快適な季節である）

IX. 対照を成すことを述べたいとき

◆ **on the other hand**「他方」
これは副詞として使われるので，文と文をつなぐ働きがないことに注意。
　例　On the one hand I do want to travel abroad, but **on the other hand** I don't have enough money for that.
　　　（一方では海外旅行をしたいのはやまやまだが，他方ではそれだけのお金がない）

ここにも注意

on the contrary「それどころか」は，前述の事柄に対立する内容を述べるのに使われるので，on the other hand と混同しないこと。
　例　A: It must have been terrible.
　　　B: **On the contrary**, I enjoyed every minute.
　　　（A：それはきっとひどかったんでしょうね。
　　　　B：とんでもない。そのすべてが楽しかったわ。）

◆ **while / whereas**「～の一方では / ～だけれども」
これらは，接続詞として使われる。while / whereas が導く節は，前に置いても後ろに置いてもよい。
　例　**While** we brought the drinks, they took care of the food.
　　　They took care of the food, **while** we brought the drinks.
　　　（私たちは飲み物を運んで，彼らは食べ物を担当した）

X. より詳細に述べたいとき

◆ **that is to say / in other words**「すなわち / 言い換えれば」
　例　That would mean voting no, **that is to say**, using the veto.
　　　（それは反対票を投じること，すなわち拒否権を行使することを意味するだろう）

DAY 7
答案の書き方の手順を具体例で確認しよう

　自由英作文の答案は，内容がしっかりしていることが大前提である。しかし，いくら内容がしっかりしているつもりでも，正しい英文になっていなければその分だけ減点されてしまう。したがって，内容も大事であるが，それ以上に大事なのは，言いたい内容がきちんと採点官に伝わるようにできるだけミスの少ない英語で書くことである。さもなければ合格はおぼつかない。そこで，ミスの少ない答案を書くための留意点を以下に2つ挙げることにする。

Ⅰ．書いた後に少し時間を置いてから，自分の答案をチェックする

　一生懸命に答案を書いた直後は，いわゆる「頭に血が上った状態」になっているので，冷静に自分の答案をチェックすることはほとんど無理である。そこで，書いた後に最低2～3分，できれば5分以上の時間を置いてからチェックする習慣を普段からつけるようにしたい。入試本番の場合も，自由英作文の答案を書いた後に他の問題を解き，その後に自由英作文の答案のチェックをするだけの時間的余裕を持てるなら，かなり冷静に誤りを修正することができ，失点を減らすことができるだろう。

　つまり，第三者的な目で自分が書いた答案を見直すのである。「語法的に本当にこれでいいのか」「時制は間違っていないか」「何を言いたいのかわかってもらえるか」など，自分の答案にケチをつけるつもりで見直すわけである。そのために，どういう観点から見直すか自分で決めておくと効率がよい。以下にそのためのチェックポイントを挙げておく。

Ⅱ．内容に関するチェックポイントを決めておく

　まずは，チェックポイントに従って内容に関するチェックを行おう。

内容に関する Checkpoint
1. 文と文が内容的にうまくつながっているか
2. 「談話の標識」の使い方は正しいか
3. トピックに無関係な，無駄な内容の文を書いていないか
4. 同じ内容の表現や文を繰り返し用いていないか
5. 答案の中で内容が完結しているか

Ⅲ. 英語の表現に関するチェックポイントを決めておく

次に，チェックポイントに従って，英語の表現に関するチェックを行おう。

--- 英語の表現に関する Checkpoint ---
1. 英文としての構造が成立していない文はないか
2. 大文字と小文字の区別ができているか
3. 単語の綴りを間違えていないか
4. a / an，あるいは the / 無冠詞，あるいは複数形の名詞にすべきか
5. 動詞の三単現の s を忘れていたり，複数形の s と混同していないか
6. 単数・複数の誤りを犯していないか
7. 時制，または進行形や完了形の選択は誤っていないか
8. 助動詞を用いるべきときに正しく用いているか
9. you / he / she / they / it などの代名詞を間違えていないか
10. 単語の意味を勘違いしていないか
11. 品詞の混同をしていないか
12. 語法(特にコロケーション)の誤りはないか
13. 熟語・イディオムが正しく用いられているか
14. 日本語からの直訳に頼った不自然な表現を用いていないか
15. 文脈に合わない表現を用いていないか

DAY 7　答案の書き方の手順を具体例で確認しよう

Ⅳ．犯しがちな間違いを防ぐために

ここでは，DAY 4 で取り上げた70語程度で書く問題の制限語数を50語前後に変更して用いることにする。

> **問題**　小学校から英語の学習を始めるべきかどうかという問題について，賛成・反対・保留いずれかの立場を明確にした上で，その理由を英語(50語前後)で述べよ。
> 　　　　　　　　　　　　　　　　　　　　　　　　　　　大阪市立大・改

この問題に対するある受験生の答案例が下にある。しかし，この答案の下線部(1)〜(10)は誤りである。正しく修正した表現を下の**解答欄**に書き入れてみよう。

> **受験生答案例**
>
> 　　(1)In my opinion, I think that English should be (2)teached at (3)a elementary school. The first reason is that it is (4)more easy to (5)do a beautiful pronounce when (6)they are young. The second reason is that (7)young child is good at (8)memorize foreign words. The last reason is, (9)We can get a broader view (10)of world. (57 words)

解答欄

(1)_____　　(2)_____

(3)_____　　(4)_____

(5)_____

(6)_____　　(7)_____

(8)_____　　(9)_____

(10)_____

33

Ⅴ. 正しくはどう書くべきか

修正例は以下のとおり。

(1) **In my opinion / I think（that）**

　In my opinion と I think を2つ並べるのは，意味的に重複することになるので，どちらか一方にしなければならない。同じ内容の表現を繰り返さないようにしよう。⇒内容に関する Checkpoint 4

(2) **taught**

　teach の過去形や過去分詞形をうっかり <u>teached</u> と書く誤りが意外に多い。teach-taught-taught という正しい活用を忘れないように。他にも **cost** の過去形や過去分詞を <u>costed</u> と書く誤りも多い。cost-cost-cost という活用変化も忘れないようにしよう。基本的な動詞と言えども侮ってはいけない。⇒英語の表現に関する Checkpoint 3

(3) **elementary schools**

　<u>a e</u>lementary school では a でなく an を使う。しかし，本問のような一般論では，英語を教える小学校は1つだけではないはずなので，複数形の elementary schools のほうがよい。<u>一般論では単数より複数のほうが自然</u>である。また，冠詞の有無・選択にも注意を払うようにしよう。
⇒英語の表現に関する Checkpoint 4, 6

(4) **easier**

　形容詞・副詞の比較級は原級に more を付けるだけでよいと勘違いしている人が意外に多い。easy のように2音節語のうち y で終わる語は，-er 型の比較級を持つのが原則である。形容詞・副詞の比較級には more 型と -er 型の2種類があることを忘れないようにしよう。
⇒英語の表現に関する Checkpoint 3

(5) **learn to pronounce English（words）well / learn proper English pronunciation**

　do a beautiful <u>pronounce</u> は，pronounce が動詞なので，英語として成立しない。名詞の **pronunciation** を用いて do + pronunciation としても，そのようなコロケーション（連語関係）はないので，やはり誤りである。

DAY 7　答案の書き方の手順を具体例で確認しよう

learn to pronounce English (words) well とするか，learn proper English pronunciation とするのが正しい。名詞と動詞を混同しないように気をつけたい。また，コロケーションとして，do / have / make などのいずれを用いるかも気をつけなければならない。
⇒英語の表現に関する Checkpoint 11，12

(6)　**you**

　　they は「小学生」を表すつもりと思われるが，それが指すものが前にない。ここは，「一般の人」を指す you にするのがよい。代名詞とそれが指すものがわかるように明確に書くようにしよう。また，日本人は一般論で we を使う傾向が強いが，ネイティブ・スピーカーは you を使うことが圧倒的に多い。
⇒英語の表現に関する Checkpoint 9

(7)　**young children are**

　　child は可算名詞なので，少なくとも a young child is とすべきだが，一般論では無冠詞複数形の名詞を使うのが自然なので，young children are とするのがよい。「私は犬(という動物)が好きだ」を英語で言う場合も I like a dog. ではなく，I like dogs. が自然である。
⇒英語の表現に関する Checkpoint 4，6

(8)　**memorizing**

　　be good at の at は前置詞なので，例外的な場合を除いて後ろには名詞相当の語句がくる。memorize は動詞としてしか用いられないので，このままでは英文として成立しない。memorizing と動名詞にするのが正しい。
⇒英語の表現に関する Checkpoint 1，11

(9)　**you**

　　文中の単語は，固有名詞，本・雑誌・記事などのタイトル，そして「私」を表す I でない限り，小文字で書き始めるのが原則なので，少なくとも we が正しい。小文字と大文字の基本的な使い分けをきちんと守ろう。ただし，ここでは「一般の人」を表す you のほうが自然である。we をむやみに使わないようにしよう。⇒英語の表現に関する Checkpoint 2，9

⑽ **of the world**

可算名詞の world には a か the が必要。ここでは，of the world とする。

⇒英語の表現に関する **Checkpoint 4**

例 the richer countries of the world
（世界のより豊かな国々）

修正後の模範答案例と日本語訳は以下の通り。

修正後の模範答案例（下線部は修正した箇所）

　<u>I think that</u> English should be <u>taught</u> at <u>elementary schools</u>. The first reason is that it is <u>easier</u> to <u>learn to pronounce English well</u> when <u>you</u> are young. The second reason is that <u>young children are</u> good at <u>memorizing</u> foreign words. The last reason is, <u>you</u> can get a broader view <u>of the world</u>.（54 words）

　英語は小学校で教えるべきであると思います。第一の理由は，若いときのほうがきれいな英語の発音を身につけるのが簡単だからです。第二の理由としては，子どもは外国語の単語を覚えるのが得意だからです。最後の理由としては，世界に対する視野が広くなるという点です。

DAY 8
減点されない答案を書くために その1

Ⅰ．犯しがちな間違いを防ぐために

　DAY 7 に引き続き，ある受験生が書いた答案を修正する練習をしよう。ここでは，DAY 1 で取り上げた問題の制限語数を 80～100 語に変更した問題を用いることにする。

問題　次の文章を読み，あなたの考えを 80～100 語の英語で書きなさい。最後に語数を記入しなさい。

　大学入学試験こそが日本の英語教育をゆがめ，日本人の英語能力を低くしている元凶なので，入試から英語を外すべきだという意見がある。受験のための英語の勉強が面白くないので苦痛であり，そのせいで英語嫌いの学生が増えているというのである。　　　　　　　　静岡県立大・改

　以下は「賛成の立場」からの受験生の答案例だが，下線部(1)～(13)に誤りがある。それぞれの下線部の修正例を次ページの**解答欄**に書き入れてみよう。

受験生答案例

　I (1)agree to (2)this idea. (3)There are a few reasons. (4)One reason is because, though high school students spend many hours (5)to study English for (6)entrance exams of university, few of them can make (7)oneself understood in English. (8)Other reason is that many young people lose interest in English only because they are forced to learn a type of English which (9)are too difficult and useless for communication. (10)Because of these reasons, I believe English should not be included (11)in subjects of entrance exam, and (12)easy English should be taught for practical (13)communications at high school.
(96 words)

解答欄

(1)

(2)

(3)

(4)

(5)

(6)

(7)

(8)

(9)

(10)

(11)

(12)

(13)

II．正しくはどう書くべきか

修正例は以下のとおり。

(1) **agree with**

agree to O は「O を承諾する」といった意味で，O の位置には a proposal / a plan / the deal / a request などが来る。ここでは「O（人または考え）に賛成する」という場合なので，**agree with O** を使うべきである。

> 例 I don't **agree with** *what you say.* / I don't **agree with** *you.* / I don't **agree with** *your opinion.* / I don't **agree with** *your idea.*
> →英語の表現に関する Checkpoint 12, 13

(2) **the idea that English should be removed from university entrance exams**

DAY 4 で触れたように，this idea「この考え」だけでは，どんな考えなのかまったくわからない。指示がない限り，答案の中で完結性を持たせるように書くこと。また，university の代わりに college でもよい。
⇒内容に関する Checkpoint 5

(3) **この文を削除する**

こういう文は受験生が書く答案でよく見られるが，この文は意味がよくわからない。なぜなら，そもそも there 構文は「ある場所に～がある」という意味を表すときに用いる表現であり，「場所」が明示されていない there 構文は不自然になる。また，理由の数を初めに述べること自体が，数百語から成る「(小)論文」でない限り，普通は不要である。**One** reason is that... と書かれていれば，複数の理由があることが明白だし，**The** reason is that... と書かれていれば，理由が 1 つしかないことが明白になるからである。
⇒内容に関する Checkpoint 3

(4) **One reason is that / This is partly because**

「1 つの理由は～だからです」を直訳したような One reason is because 節は，ネイティブ・スピーカーでも用いることが少なからずあるが，正用法と認められないのが普通なので英作文では避けたほうがよい。減点される可能性が高い。One reason is that 節か This is partly because 節を用いておけば問題がない。⇒英語の表現に関する Checkpoint 14

(5) **studying**

　spend O to V ではなく，**spend O V-ing** で「O(時間)を～して過ごす」という意味を表す。動詞の語法を確実に覚えておくことが大切。
⇒英語の表現に関する Checkpoint 12

(6) **university entrance exams / exams for entrance to university**

　「大学の入試」を英語で entrance exams of university と普通は言わない。英語では **university entrance exams**，あるいは，**exams for entrance to university** と言う。また，いずれの場合も university の代わりに college を用いてもよい。⇒英語の表現に関する Checkpoint 14

(7) **themselves**

　make *oneself* understood in O「O(外国語)で話が通じる」はイディオムとして覚えるべきだが，*oneself* の部分は主語に応じて変える必要がある。ここでは few of them が主語なので，themselves を用いる必要がある。oneself / myself / himself / themselves など，どれを用いるかを間違えないようにしよう。⇒英語の表現に関する Checkpoint 13

(8) **The other reason / Another reason**

　理由が2つだけなら **The other** reason を，理由が3つ以上あるなら **Another** reason を用いる。the other と another の使い方を正しく覚えなければならない。⇒英語の表現に関する Checkpoint 12

(9) **is**

　主格の関係代名詞 which の先行詞が a type of English という単数扱いの名詞なので，関係詞節内の動詞も単数主語に合わせる必要がある。ここでは，are ではなく is が正しい。先行詞を忘れるせいか，特に関係詞節内の動詞の形を間違うミスは極めて多い。⇒英語の表現に関する Checkpoint 6

(10) **For these reasons**

　because of と reason を共に使うコロケーション(連語関係)はない。for some reason「何らかの理由で」/ for this reason のように for を使う。ここでは **For these reasons** とすればよい。
⇒英語の表現に関する Checkpoint 12

DAY 8 減点されない答案を書くために その1

(11) **in (university) entrance exams**

「入試の科目に」という日本語を直訳したような書き方 in subjects of entrance exam は避けたほうがよい。**in (university) entrance exams** という簡単な表現を用いれば，その意味を表せる。
⇒英語の表現に関する Checkpoint 14

(12) **plain**

easy English は「**簡単でレベルの低い英語**」というネガティブな意味になりかねない。ここは「平易でわかりやすい」というポジティブな意味を持つ plain を用いるべきところ。⇒英語の表現に関する Checkpoint 10

(13) **communication**

複数形の communications は「(大規模な)通信機器 / 通信手段」という意味。「意思疎通 / コミュニケーション」は不可算名詞の communication で表す。⇒英語の表現に関する Checkpoint 5, 10

修正後の模範答案例と日本語訳は以下の通り。

修正後の模範答案例（下線部は修正した箇所）

I <u>agree with</u> <u>the idea that English should be removed from university entrance exams</u>. <u>One reason is that</u>, though high school students spend many hours <u>studying</u> English for <u>exams for entrance to university</u>, few of them can make <u>themselves</u> understood in English. <u>The other reason</u> is that many young people lose interest in English only because they are forced to learn a type of English which <u>is</u> too difficult and useless for communication. <u>For these reasons</u>, I believe English should not be included <u>in entrance exams</u>, and <u>plain</u> English should be taught for practical <u>communication</u> at high school. (98 words)

私は英語を大学入試から外すべきだという考えに賛成です。1つの理由は，高校生は大学入試のために多くの時間を英語の勉強にかけているのに，英語で意思疎通ができる人はほとんどいないからです。もう1つの理由は，難しすぎ，しかも自分の思っていることを伝えるのに役に立たないタイプの英語を学ぶことを強制されるというだけで英語に対する興味をなくす若い人たちが多いからです。こうした理由から，英語は入試に含められるべきではないし，高校では実際に意思の疎通ができるように平易な英語が教えられるべきである，と私は思います。

DAY 9
減点されない答案を書くために その2

Ⅰ．犯しがちな間違いを防ぐために

　問題文は **DAY 8** で取り上げたのと同じものを用いることにする。ただし，指示文はやや変更されている。**DAY 8** に引き続き，他の受験生が書いた答案の誤りを指摘する練習をしよう。この答案の下線部(1)～(13)は誤っているか，好ましくない英語になっている。それぞれの下線部をどう修正したらよいのか，次ページの解答欄に書き入れてみよう。

> **問題**　次の文章を読み，大学入試の科目に英語を入れることにはさまざまな問題があるとしても英語は入試には必要であるという観点から，あなたの考えを80～100語の英語で書きなさい。最後に語数を記入しなさい。
>
> 　大学入学試験こそが日本の英語教育をゆがめ，日本人の英語能力を低くしている元凶なので，入試から英語を外すべきだという意見がある。受験のための英語の勉強が面白くないので苦痛であり，そのせいで英語嫌いの学生が増えているというのである。
>
> 　　　　　　　　　　　　　　　　　　　　　　　　静岡県立大・改

受験生答案例

　　(1)I think that studying English for (2)entrance exam (1)is not interesting, and many people (3)become to dislike English (4)by that reason, but English (5)should be not removed from (2)entrance exam. (6)Because (7)today's Japan (8)become more internationalization, so we (9)cannot help learning English. If we don't have to study English (10)for going to a university, (11)almost all people will not study it at all. So even if it is not interesting, it is necessary to take (12)English test (13)for entering into university. (81 words)

43

解答欄

(1)

(2)

(3)

(4)

(5)

(6)

(7)

(8)

(9)

(10)

(11)

(12)

(13)

Ⅱ. 正しくはどう書くべきか

修正例は以下のとおり。

(1) **I don't think that ... is interesting**

「私は A が B ではないと思う」を I think that A is not B で表すのは誤りではないが，think の後ろの that 節内には否定語を置かないほうが普通なので，I don't think that A is B としたほうがよい。
⇒英語の表現に関する Checkpoint 14

(2) **entrance exams**

exam は可算名詞なので，an entrance exam または entrance exams が文法的に正しいが，ここは一般論的な言い方となる無冠詞複数形が自然である。⇒英語の表現に関する Checkpoint 4, 6

(3) **come to dislike**

become の後ろには to V ではなく，形容詞や名詞が続く。つまり，become to V という言い方はできない。なお，come to V の V の位置には，状態動詞などのごく一部の動詞しか使わないのが普通なので気をつけなければならない。⇒英語の表現に関する Checkpoint 12

(4) **for that reason**

by + reason というコロケーション（連語関係）はない。for + reason が正しい。⇒英語の表現に関する Checkpoint 12

(5) **should not be removed**

文全体を否定する not は，助動詞を含む文では助動詞の直後に置くのが原則。助動詞を含まない場合なら be + not という語順でよい。
⇒英語の表現に関する Checkpoint 12

(6) **This is because**

Why ~?という質問に対して返事をする場合を除き，主節を伴わない Because 節は原則として誤りとなる。「なぜなら~だからだ」を直訳的に Because 節のみで表そうとしないこと。
⇒英語の表現に関する Checkpoint 14

(7) **Japan today**

today's Japan は誤りではないが，Japan today のほうが自然。これと同様に「今日の若者」も **young people today** で表すのが自然。
⇒英語の表現に関する Checkpoint 14

(8) **is becoming increasingly internationalized / is becoming more and more internationalized**

become more internationalization は日本語からの直訳による誤りであり，英語では意味をなさない。また，ここは進行形を用いるべきところ。
⇒英語の表現に関する Checkpoint 7, 14

(9) **have to learn / must learn / have no choice but to learn**

can't [cannot] help V-ing は「～せずにはいられない」という意味であり，「～しなければならない」という意味ではない。
⇒英語の表現に関する Checkpoint 13

(10) **to go to university**

「～するために」を for V-ing で表す場合がないわけではないが，to V で表すほうがはるかに自然。また，「大学に行く」は go to university と書くのが正しいので，a university は誤り。⇒英語の表現に関する Checkpoint 4, 14

(11) **many people**

all ～ not という語順は「すべてが～ない」という全否定なのか，「すべてが～というわけではない」という部分否定なのか曖昧になるので，英作文では避けたほうがよい。ここは most people と書いてもよいが，この文脈では意味が強すぎるので，many people がよい。
⇒英語の表現に関する Checkpoint 12, 15

(12) **an English test / English tests**

test は(2)の exam と同様に可算名詞なので，an English test か English tests が正しい。⇒英語の表現に関する Checkpoint 6

(13) **to enter university**

「～するために」は，(10)の解説で触れたように to V で表すのが自然。また，enter は「学校に入学する」という意味では他動詞なので，into は不要。
⇒英語の表現に関する Checkpoint 12, 14

修正後の模範答案例と日本語訳は以下の通り。

> **修正後の模範答案例**（下線部は修正した箇所）
>
> <u>I don't think that</u> studying English for <u>entrance exams is interesting</u>, and many people <u>come to dislike</u> English <u>for that reason</u>, but English <u>should not be removed</u> from <u>entrance exams</u>. <u>This is because Japan today is becoming more and more internationalized</u>, so we <u>have to learn</u> English. If we don't have to study English <u>to go to university</u>, <u>many people</u> will not study it at all. So even if it is not interesting, it is necessary to take <u>an English test</u> <u>to enter university</u>. (84 words)

　入試のために英語を勉強することは面白くないと思いますし，多くの人がそういう理由で英語を嫌いになりますが，英語を入試から外すべきではありません。これは今日の日本がますます国際化しているからであり，だから英語を学ばなければならないのです。もし大学に行くために英語を勉強しなくてもよいのなら，多くの人が英語をまったく勉強しないでしょう。だから，面白くなくても，大学に入学するために英語の試験を受けることは必要です。

DAY 10
入試本番のつもりで問題を解いてみよう

PART 1
Ⅰ. 自分で答案を書いてみよう

　DAY 10 は最終日なので，総仕上げとして自分で答案を書き，それをチェックすることに挑戦してみよう。DAY 8 が「英語を大学入試から外すべきという賛成の立場」から，DAY 9 が「問題はあるが入試に必要という立場」からの答案だったので，今日は総仕上げとして「反対の立場」からの答案を書いてみよう。

> 問題　次の文章を読み，それに対する反対論を 80～100 語の英語で書きなさい。最後に語数を記入しなさい。
>
> 　大学入学試験こそが日本の英語教育をゆがめ，日本人の英語能力を低くしている元凶なので，入試から英語を外すべきだという意見がある。受験のための英語の勉強が面白くないので苦痛であり，そのせいで英語嫌いの学生が増えているというのである。
> 　　　　　　　　　　　　　　　　　　　　　　　　静岡県立大・改

まずは，書くべき内容のメモを作ってみよう。

メモ
導入（トピックセンテンス）
_____

本論

　理由 1 _____

　理由 2 _____

結論

_____

DAY 10 入試本番のつもりで問題を解いてみよう

　メモが完成したら,そのメモに従って**解答欄(素案用)**に実際に答案を書いてみよう。ただし,この段階では細かいことにこだわらずに,メモを参考に思いつくまま英語でできるだけ速く書くようにすべきである。

解答欄(素案用)

_____

_____

_____

_____

_____

_____

_____

_____

_____

_____

(　　　words)

Ⅱ．自分の答案をチェックしてみよう

　答案を書き終えたら，できれば少し時間を置くとよい。その後内容に関する Checkpoint と英語の表現に関する Checkpoint を参考にして，赤ペンを使って自分の答案を修正してみよう。チェックしやすいように，p.31 と p.32 に挙げた Checkpoint を以下に再掲する。

内容に関する Checkpoint
1. 文と文が内容的にうまくつながっているか
2. 「談話の標識」の使い方は正しいか
3. トピックに無関係な，無駄な内容の文を書いていないか
4. 同じ内容の表現や文を繰り返し用いていないか
5. 答案の中で内容が完結しているか

英語の表現に関する Checkpoint
1. 英文としての構造が成立していない文はないか
2. 大文字と小文字の区別ができているか
3. 単語の綴りを間違えていないか
4. a / an，あるいは the / 無冠詞，あるいは複数形の名詞にすべきか
5. 動詞の三単現の s を忘れていたり，複数形の s と混同していないか
6. 単数・複数の誤りを犯していないか
7. 時制，または進行形や完了形の選択は誤っていないか
8. 助動詞を用いるべきときに正しく用いているか
9. you / he / she / they / it などの代名詞を間違えていないか
10. 単語の意味を勘違いしていないか
11. 品詞の混同をしていないか
12. 語法(特にコロケーション)の誤りはないか
13. 熟語・イディオムが正しく用いられているか
14. 日本語からの直訳に頼った不自然な表現を用いていないか
15. 文脈に合わない表現を用いていないか

Ⅲ．自分がチェックした答案を清書してみよう

　清書をしてみるのは，ただ単に「清書」するためではなく，清書する過程で，新たな問題点とかちょっとしたミスに気づくことも少なくないからである。いずれにせよ，本番の試験でも清書は必要になるので，一度は清書をしてみるとよい。清書することのメリットに気づくはずである。

解答欄（清書用）

(　　　　words)

PART 2
IV. 犯しがちな間違いを防ぐために

ここでも，やはり答案例のチェックをしてみよう。以下は，「反対の立場」からの受験生の答案例だが，下線部(1)〜(10)に誤りがある。それぞれの下線部の修正例を下の**解答欄**に書き入れてみよう。

受験生答案例

I disagree with the opinion (1)which English (2)is removed from college entrance exams. Today (3)much more Japanese can speak English than 20 or 30 years ago, (4)but I think that is because they (5)have studied English very hard (6)in high school days for college entrance exams. In my opinion, studying English for college entrance exams helps us to master English, and doesn't (7)let us hate English. If it (8)is not interesting to study English for entrance exams, (9)there would be not so many people who can speak English. (10)So I disagree with this opinion. (94 words)

解答欄

(1) _____   (2) _____

(3) _____   (4) _____

(5) _____   (6) _____

(7) _____   (8) _____

(9) _____

(10) _____

Ⅴ．正しくはどう書くべきか

受験生の答案例の修正例と解説を以下に述べる。自分も同じ間違いをしている箇所には特に気をつけよう。

(1) **that**

同格の接続詞 that を用いるべきところに，関係代名詞 which を用いる受験生が意外に多い。両者はまったく機能が異なるので，混同しないこと。
⇒英語の表現に関する Checkpoint 10, 11

(2) **should be**

ここは「英語が大学入試から外される<u>べきである</u>」と書かなければいけないところなので，助動詞を用いて should be と書く必要がある。
⇒英語の表現に関する Checkpoint 8

(3) **many more Japanese (people)**

「比較級を強調する語は much」と覚えていて <u>much</u> more Japanese と書く受験生がかなり多いが，この語法はここでは無関係である。正しくは，以下のようである。

例1　不可算名詞がある場合
　　<u>some</u> (more) *money*「（あと）いくらかのお金」
　　<u>much</u> (more) *money*「（もっと）たくさんのお金」

例2　可算名詞の複数形がある場合
　　<u>some</u> (more) *Japanese*「（あと）数人の日本人」
　　<u>many</u> (more) *Japanese*「（もっと）数多くの日本人」

つまり，some と many は複数扱いの名詞 Japanese（日本人）を修飾して，その数の多さに言及するのである。ゆえに，much は使えない。比較級の more があるかないかということと，much / many のいずれを使うべきかは関係がないことになる。

また，ここでの Japanese は「複数の日本人」を指しているので Japanese people と書くほうが無難。Japanese は，英作文では「日本語」という意味の単数扱いの名詞として用いるようにしよう。そのほうがうっかりミスを減らせる。⇒英語の表現に関する Checkpoint 12

(4) **and**

前後に逆接関係があるわけではないので，but ではなく and が正しい。
⇒内容に関する Checkpoint 1, 2

(5) **studied**

この文脈では，英語を話せる人が増えたのは「過去の高校時代に勉強した」から，と書くべきなので，過去形が正しい。
⇒英語の表現に関する Checkpoint 7, 15

(6) **in their high school days / (when they were) at [in] high school**

「高校時代に」は in *one's* high school days か (when S was) at [in] high school と書く必要がある。⇒英語の表現に関する Checkpoint 12, 13

(7) **make**

動詞の let は「～させてやる / ～するのを許す」という意味。また，人主語で用いるのが原則。ここは無生物主語構文でも用いられる make を用いて，「主語が人に～させる」という意味を表すべきところ。
⇒英語の表現に関する Checkpoint 10

(8) **were**

帰結節で would が使われているので，この if 節では直説法の is ではなく，仮定法過去の were(was も可)を用いるのが正しい。自由英作文では仮定法で書くことがしばしば求められるので，あくまでも仮定のことは仮定法で書くようにしよう。ただし，その際に条件節と帰結節を仮定法で統一することを忘れないようにしなければならない。
⇒英語の表現に関する Checkpoint 7

(9) **there would not be so many people**

DAY 9 の(5)でも確認したが，文全体を否定する not は，助動詞を含む文では助動詞の直後に置くのが原則。**助動詞＋not＋動詞という語順に注意**。なお，この文全体は，言いたいことがややわかりにくいので，たとえば，A lot of Japanese people can understand English, which I think proves that people find it interesting to study English for entrance exams. などと書いたほうがわかりやすい。⇒英語の表現に関する Checkpoint 12

⑽ **この文を削除する。または So I agree that English is included in entrance exams**

　この this opinion は，第 1 文の中の the opinion 以下の内容を受けるつもりで書いたのだろうが，this は直前の文の内容を指すのが原則である。遠く離れている第 1 文の内容を指すような書き方はよくない。**最終の文で第 1 文の内容を受ける this opinion / this idea などを用いないようにする**こと。第 1 文の this opinion の内容を異なる表現で表したものを用いて，たとえば So I agree that English is included in college entrance exams. のように書くべきであるが，語数が足りているなら，トピックセンテンスの内容を最後に繰り返す手法を用いずに，その前の文で答案を終わらせるほうがよい。

⇒内容に関する **Checkpoint 4**
⇒英語の表現に関する **Checkpoint 9**

修正後の模範解答例と日本語訳は以下の通り。

修正後の模範答案例（下線部は修正箇所）

　I disagree with the opinion **that** English **should be** removed from college entrance exams. Today **many more Japanese people** can speak English than 20 or 30 years ago, **and** I think that is because they **studied** English very hard **in their high school days** for college entrance exams. In my opinion, studying English for college entrance exams helps us to master English, and doesn't **make** us hate English. **A lot of Japanese people can understand English, which I think proves that people find it interesting to study English for entrance exams**. (91 words)

　私は英語が大学入試から外されるべきだという意見に反対です。今日では 20 年，30 年前よりも英語を話せる日本人が数多くいますし，それはそういう人たちが高校時代に大学入試のために英語を一生懸命に勉強したからだ，と私は思います。私の考えでは，大学入試のために英語を勉強することは英語をマスターするのに役立ちますし，英語を嫌いにさせることもありません。たくさんの日本人が英語を理解することができますが，このことは，人々が入試のために興味を持って英語を勉強していることを証明している，と私は思います。

最後に一言

　以上で，10日間の練習は終わりです。この10日間の練習を通じて，自由英作文の基本的な書き方をわかっていただけたなら，私たち編者にとってこれ以上の喜びはありません。これから先は，入試本番までの時間を考慮して，**「入試問題演習」**の中からいくつかの問題を選んで解くとか，余裕があれば付録の**「形式別入試問題例」**に取り組んで，実戦的な練習をしてみるとよいでしょう。自分の学習計画に合わせて本書を活用してください。

　みなさんの入試での健闘を祈っています。

LET'S TRY 入試問題に挑戦してみよう

入試問題演習

50語前後で書かなければならない場合

模範解答例　別冊 p.8

第1問　携帯電話(cell phone)に関する次の文の続きを，50語程度の英語で自由に書きなさい。

　　　The cell phone is now widely used in Japan and it seems to be changing daily life.

京都大・改

第2問　Do you agree that it is important to live in a place that is close to nature? State your opinion beginning with either "I agree, because..." or "I disagree, because...." In your own words, give two reasons justifying your view. Write about 40 to 50 words in English including the three required words.

名古屋大・改

57

100 語前後で書かなければならない場合

模範解答例　別冊 p.11

第 3 問　Write at least 100 words of English about this.

　　People live longer now, so the normal retirement age should be raised to 70.

一橋大

第 4 問　*Emoji* — pictorial representations of facial expressions and inner emotions — are now an integral part of our daily communication. At first they were available only in Japan, but many *emoji* characters have been incorporated into Unicode, so that PC and mobile phone users around the world have access to these symbols, and many people enjoy adding them to their text messages and e-mails. Some argue that these characters greatly help facilitate electronic communication, in which body language and vocal tones are often absent. Others, however, point out that they might spoil our verbal language skills because they allow us to communicate with each other without having to express what we mean in words.
　State your opinion about this issue in 100-120 English words.

九州大・改

150 語前後で書かなければならない場合

第5問 次の問いに，150 語程度の英語で答えなさい。

　　As shown in the figure below, fewer Japanese students are studying abroad nowadays. Why do you think this is happening? Give two or more reasons to support your answer.

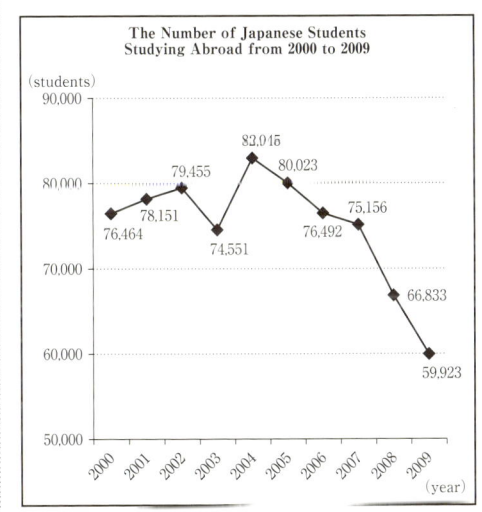

The Number of Japanese Students Studying Abroad from 2000 to 2009

(students)
- 2000: 76,464
- 2001: 78,151
- 2002: 79,455
- 2003: 74,551
- 2004: 82,945
- 2005: 80,023
- 2006: 76,492
- 2007: 75,156
- 2008: 66,833
- 2009: 59,923

(From MEXT, January 20, 2012)

〈長崎大〉

第6問 Write 120 to 150 words of English on the topic below.

　　TV news and newspaper articles should only state facts and should avoid expressing political viewpoints. Explain why you agree or disagree with this opinion.

〈一橋大〉

200語前後で書かなければならない場合

模範解答例　別冊 p.24

第7問 あなたは，21世紀の日本がどのように変化すると考えますか。あるいはどのように変わってほしいと願っていますか。あなたの考えや希望を200語程度の英語で述べなさい。

山形大

第8問 In recent years there has been an increasing emphasis on globalization. It is becoming more and more important for us to communicate with people from all over the world. This does not necessarily mean using only English. There are many other languages spoken in the world. Most Japanese high school students, however, only learn English. In contrast, students in some other countries learn two or three different languages. Do you think that Japanese students should also learn a second foreign language in high school?

Write your opinion with reasons in 200-250 English words.

千葉大

河合塾
SERIES

10日間完成

まよわず
書ける
自由英作文

改訂版

小林 功・杉山俊一
[共著]

解答編

河合出版

河合塾 SERIES

10日間完成

まよわず書ける自由英作文

改訂版

小林 功・杉山俊一 [共著]

解答編

河合出版

目　　次

DAY 2　　書き方の手順　模範解答例
　入試練習問題　①　……………………………………………………　4

DAY 3　　書くべき内容　模範解答例
　入試練習問題　②　……………………………………………………　6

LET'S TRY　入試問題演習　模範解答例

　50語前後で書かなければならない場合　……………………………　8
　　第1問
　　第2問
　100語前後で書かなければならない場合　……………………………　11
　　第3問
　　第4問
　150語前後で書かなければならない場合　……………………………　18
　　第5問
　　第6問
　200語前後で書かなければならない場合　……………………………　24
　　第7問
　　第8問

付録　形式別入試問題例

1. あるテーマに関して自分の意見を述べる（賛成か，反対か，保留か） ……………………………………………………………… 31
   問題　100語程度
2. 課題文（英文，和文，会話文など）を読んで，意見や希望などを述べる ……………………………………………………………… 33
   問題1　80語程度
   問題2　100語〜150語
3. 絵，漫画，図表などを見て説明する，または物語などを自分で創造する ……………………………………………………………… 38
   問題1　100語程度
   問題2　80語〜120語
4. 道案内など，何らかの案内文を書く ………………………………… 42
   問題1　（70語程度）
   問題2　120語〜200語程度
5. 自分の経験談を書く，または仮想のテーマについてどう考えるかを述べる ……………………………………………………………… 48
   問題1　20語〜30語
   問題2　20語〜30語
   問題3　100語以上
   問題4　100語〜120語
   問題5　60語〜70語
6. 語句や事象の説明をする ……………………………………………… 56
   問題1　100語程度
   問題2　200語〜250語
7. 自分の好きな町，感動した本，好きなテレビ番組，やりたいこと，伸ばしたい技能などについて述べる ……………………………… 62
   問題1　150語〜200語程度
   問題2　150語程度
8. 与えられた語句を用いて書く ………………………………………… 67
   問題1　50語〜60語
   問題2　20語〜30語

3

DAY 2　書き方の手順　模範解答例

入試練習問題　①

> 問　次の設問について，50語程度の英文を書きなさい。
>
> What kind of career do you want to have after you graduate? Describe your ambitions and goals for the future.
> 　　　　　　　　　　　　　　　　　　　　　　　青山学院大

① <u>与えられた指示文(英文)</u>は，「卒業後どういう仕事に就きたいか。将来に対する自分の野心と目標について述べよ」であるということをまず<u>確認する</u>。

② 自分の<u>「将来に対する自分の野心と目標」</u>を明確にする。それを箇条書きにする。本当にそう思っていることでもよいし，本心は違っていてもよい。要するに書きやすい内容を書けばよい。

③ たとえば，「発展途上国で医師をやりたい」(模範解答例1)でもよい。あるいは，「自分で会社を経営したい」(模範解答例2)でもよい。

④ 「発展途上国で医師をやりたい」(模範解答例1)の場合であれば，その<u>理由</u>として，
　1．発展途上国での医師不足
　2．医療費の高さ
　3．貧困層の多さ
などを挙げることができる。50語程度で書くには，このうち2つの理由を述べるだけで優に50語に達するはずである。

⑤ 「自分で会社を経営したい」(模範解答例2)の場合であれば，その<u>理由</u>として，
　1．自営業でこそ自分のやりたいことができる
　2．自分には人との協調性があまりない
　3．安定した生活よりも，挑戦のある生活が望み
などを挙げることができる。やはり，このうち2つの理由を取り上げるだけで優に50語を超えるであろう。

⑥ 以上のようなことを念頭に置いて，<u>英語で書き始める</u>とよい。

＊以下の模範解答例中の太字の語句は，特に気をつけるとよい語句であることを示している。

模範解答例 1

I'd like to work as a doctor in developing countries. As we often hear through various media, there are not enough doctors to treat people in those countries. **Moreover, because of** their low incomes, poor people there are often unable to pay medical fees. **So I'd like to** treat those people for low fees. (54 words)

☐ medical fees「医療費／医療代」

発展途上国で医者として働きたい。さまざまなメディアを通してよく耳にするように，そういった国の人たちを治療できるだけの医者がいない。その上，低収入のために，それらの国の貧しい人たちは，医療費を支払えないことがよくある。だから，私はそういう人たちを安い治療費で治療したい。

模範解答例 2

It's best to be self-employed. **I'd like to** run a company of my own, **even if** it was small. When you work for a big company, you sometimes have to do things you don't want to do. **I'd like** a life full of challenges, **even if** it is tougher than a safe, stable life. (54 words)

☐ self-employed「自営の」　☐ stable「安定した」

自営業が最もよい。私はたとえ小さくても自分の会社を経営したい。大きな会社に勤めると，自分がやりたくないことでもやらなくてはならないことがある。たとえ無難で安定した生活よりもきついとしても，やりがいがいっぱいある人生を送りたい。

DAY 3　書くべき内容　模範解答例

入試練習問題　②

> 問　次の言葉について，20語(words)程度の英語で説明せよ。
> 　　寿　司　　　　　　　　　　　　　　　　　　　　　　　岩手大

　この問題は，「6　語句や事象の説明をする」という場合の入試問題例である。こういう出題では，当然のことながら，トピックセンテンス，具体例，結論などといった文章構成は無関係である。また，20語程度で書く場合なので，段落の意識を持つまでもなく，1つの文で解答できるであろう。

　必要なことは，「寿司」とは何かを知らない人が読んでわかるような内容を盛り込むことだけである。したがって，思いつくままメモして，これこそが欠かせない要素と思うものを書くことである。たとえば，
① 　冷たいご飯の上に生の魚などをのせる
② 　巻き寿司などさまざまなタイプがある
③ 　独自の日本食である
④ 　醤油やわさびをつけて食べる
などをメモしておいて，あとは語数を意識しながら英語でまとめあげればよい。語数を考えると，②や④を盛り込む余地はないかもしれない。なければ，①と③だけを盛り込めばよい。解答例は，そのようにしてある。なぜなら，寿司にいろいろなタイプがあると書いても，そもそも寿司とは何かの説明としては不十分だからである。また，醤油やわさびを使って食べるということにも触れたいところだが，制限語数がそれを許さないと思われるからである。

模範解答例 1

　Sushi, which originated from Japan, is a food consisting of cooked rice with slices of raw fish, seafood or vegetables on it.　(22 words)

□ consist of O「Oから成る／Oで構成されている」　　□ cooked rice「ご飯」

> 寿司は，日本起源のものであり，ご飯の上に，生魚の切り身，魚介あるいは野菜が載っている食べ物である。

DAY 3 書くべき内容

> **模範解答例 2**
>
> Sushi is a popular Japanese food, which is usually made of cold cooked rice with pieces of raw fish on top or inside. (23 words)

寿司とは，人気のある日本食であり，普通は冷たいご飯の上か中に生の魚の切り身がある。

LET'S TRY　入試問題演習　模範解答例

50語前後で書かなければならない場合

第1問　携帯電話（cell phone）に関する次の文の続きを，50語程度の英語で自由に書きなさい。

　　The cell phone is now widely used in Japan and it seems to be changing daily life.
　　　　　　　　　　　　　　　　　　　　　　　　　　　　京都大・改

模範解答例1

But soon there will be even bigger changes.　People already use cell phones to send and receive text messages, and to surf the Internet.　Before long, everybody will have one.　They will be used not just for contacting one's friends, but for all kinds of business, shopping, and so on.　(50 words)

ここにも注意

この形式では，インデントは関係ないので，出だしは空けなくてよい。

- **send and receive text messages**「（携帯で）メールをやりとりする」
- **surf the Internet**「インターネットサーフィンをする」
- contacting *one's* friends「友だちと連絡を取ること」
- all kinds of business, shopping, and so on「いろいろな種類のビジネス，買い物など」

しかし，まもなくさらに大きな変化が起こるでしょう。メールの送受信をし，インターネットサーフィンをするのにすでに携帯電話を使っています。まもなく，誰もが携帯電話を持つようになるでしょう。友人と連絡を取るためだけではなく，いろいろな種類のビジネス，買い物などのために使われるでしょう。

模範解答例2

Cell phones are very convenient.　You can keep in touch with your friends, or phone your wife to say that you have been delayed by heavy traffic and will get home late.　If your car breaks down, you can telephone for help.

LET'S TRY　入試問題演習 50語前後

You no longer need to search for a public telephone.（52 words）

- **keep in touch with O**「O と連絡を取り合う」
- be delayed by O「O のせいで遅れる」　　□ **heavy traffic**「道路の混雑」
- get home late「帰宅が遅れる」　　□ **break down**「故障する」
- search for a public telephone「公衆電話を探す」

> 携帯電話は非常に便利です。友人と連絡を取り合ったり，道路の混雑で遅れているから帰宅が遅くなると言うために奥さんに電話することができます。車が故障すれば電話して助けを求めることができます。もはや公衆電話を探す必要がありません。

第2問　Do you agree that it is important to live in a place that is close to nature? State your opinion beginning with either "I agree, because..." or "I disagree, because...." In your own words, give two reasons justifying your view. Write about 40 to 50 words in English including the three required words.　　　　　　　　　　　　　　　　　　　名古屋大・改

- **agree that 節**「～ということに賛成である」
- a place that is close to nature「自然がそばにある場所」　　□ state O「O を述べる」
- **begin with O**「O で始まる」　　□ justify O「O を支持する / O に満足のいく説明をする」
- including O「O を含めて」
- the three required words「要求されている 3 つの語」（ここでは <u>I agree, because</u> または <u>I disagree, because</u> のことを指している。）

> 自然がそばにある場所で暮らすことは重要だという考えに賛成ですか。"I agree, because"か"I disagree, because"のいずれかで始めて，あなたの意見を述べなさい。自分の意見を支持する理由を 2 つ，自分自身の言葉で述べること。要求されている 3 つの語を含めて，およそ 40～50 語の英語で書きなさい。

模範解答例 1（賛成の立場）

　　I agree, because if they live in natural surroundings, people can enjoy clean air and beautiful scenery, which helps them to live a healthier and more peaceful life than if they live in cities. Through direct contact with nature, they can relax and forget the stress of their working lives.
（50 words）

- □ in natural surroundings「自然に囲まれて」　□ **beautiful scenery**「美しい風景」
- □ live a peaceful life「平穏な生活を送る」
- □ through direct contact with O「Oと直接触れ合うことを通じて」
- □ *one's* working life「仕事をして過ごす生活」

> 私は賛成です。なぜなら，自然に囲まれて生活すれば，人々はきれいな空気と美しい風景を楽しむことができ，そのために都市に住むよりもより健康的で平穏な生活を送ることができるからです。自然と直接触れ合うことを通じて，くつろぐことができ，仕事をして過ごす生活からのストレスを忘れることができるのです。

模範解答例2 （反対の立場）

I disagree, because living in a place close to nature doesn't always guarantee an interesting life. Country life can be dull, and it is easier to meet interesting people in a city. Also, cities are full of museums, art galleries and cinemas, so life there can be much more fulfilling. (50 words)

- □ a place close to nature「自然がそばにある場所」　□ guarantee O「Oを保証する」
- □ **country life**「田舎の生活」　□ dull「退屈な」（= boring）
- □ be full of O「Oでいっぱいである」　□ a museum「博物館／美術館」
- □ art galleries「画廊／美術館」　□ cinemas「映画館」（= movie theaters）
- □ **fulfilling**「充実している」

> 私は反対です。なぜなら，自然がそばにある場所で暮らすことが必ずしも面白い生活を保証するわけではないからです。田舎の生活は退屈なことがあるし，都市のほうが面白い人々に出会うことが容易です。また，都市には博物館や画廊や映画館がいっぱいあるので，そこでの暮らしのほうがはるかに充実している可能性があります。

100 語前後で書かなければならない場合

第 3 問 Write at least 100 words of English about this.

People live longer now, so the normal retirement age should be raised to 70.　　　　　　　　　　　　　　　　　　　　　　　　　　一橋大

模範解答例 1

I think people should be free to choose their own retirement age. First, older people have a lot of knowledge and experience, which is valuable to society; instead of wasting this, they should use it by continuing to work, if they wish to. Secondly, people today stay active longer than in the past, and work helps to keep them active. Thirdly, many people want to contribute to society through their work; if they retire, they may feel that they are just a burden to others.

On the other hand, some people who have worked hard for many years want to have time to relax and enjoy themselves. So I feel that each individual should decide his own retirement age. (119 words)

- □ **be free to V**「自由に〜できる」　□ **retirement age**「定年」
- □ stay active「活動的なままである」　□ **in the past**「過去において」
- □ contribute to O「O に貢献する」　□ **retire**「定年退職する」
- □ burden to O「O のお荷物」　□ **time to relax**「リラックスする時間 / ゆっくり休む時間」

人は自由に自分の定年を選ぶことができるべきだと思います。まず第一に、年配の人はたくさんの知識と経験を持っていて、それは社会にとって貴重です。彼らが望むなら、それをむだにする代わりに、働き続けることで、それを利用すべきなのです。二番目に、人は今日、従来よりも長い間に渡って活動的でいられますし、仕事をすることで活力を保つことができます。三番目に、多くの人が仕事を通じて社会に貢献したいと思っています。もし定年退職すると、自分が他の人のお荷物でしかないと感じるかもしれません。

他方、長い間一生懸命に働いてきた人でリラックスして楽しく過ごす時間を持ちたいと思っている人もいます。だから私は、個人がそれぞれ自分の定年を決めるべきだと思うのです。

模範解答例 2

I agree with the suggestion that the normal retirement age should be raised to 70. In the old days, many people died in their sixties or early seventies, and were physically worn out before that. So it was sensible for them to retire at 60 or 65, to enjoy a few years of rest before they died. But now, thanks to healthy food, good living conditions and improved health care, most people live much longer. Many people are still physically and mentally active, and capable of working, even when they are in their eighties. Also, the number of elderly people is increasing rapidly, and society cannot support large numbers of economically inactive people. (113 words)

- the suggestion that S should V「Sが〜したらどうかという提案」
- the normal retirement age「一般的な定年」　　□ raise A to B「AをBまで上げる」
- in the old days「以前は／昔は」
- died in their sixties or early seventies「60代か70代前半で亡くなった」
- **be worn out**「へとへとに疲れている／疲れ切っている」
- sensible「賢明な／理にかなった」　　□ a few years of rest「数年間の休息」
- thanks to healthy food, good living conditions and improved health care「健康食品，良質の生活条件，そして健康管理の改善のおかげで」
- inactive「活動していない／不活発な」

　　一般的な定年を70歳にしたらどうかという提案に賛成です。昔は，60代であるいは70代前半で亡くなる人が多く，そういう年齢になる前に肉体的に疲れ切っていました。だから，60歳か65歳で定年退職して，死ぬ前に数年間の休息をとることは理にかなっていました。しかし今は，健康食品，良質の生活条件，そして健康管理の改善のおかげで，ほとんどの人がはるかに長く生きています。80代になっても，多くの人がまだ肉体的・精神的に活動的で，働くことができるのです。また，高齢者の数が急速に増えていて，経済的活動をしていない人をたくさん養うことは社会にはできません。

LET'S TRY 入試問題演習 100語前後

第4問 *Emoji* — pictorial representations of facial expressions and inner emotions — are now an integral part of our daily communication. At first they were available only in Japan, but many *emoji* characters have been incorporated into Unicode, so that PC and mobile phone users around the world have access to these symbols, and many people enjoy adding them to their text messages and e-mails. Some argue that these characters greatly help facilitate electronic communication, in which body language and vocal tones are often absent. Others, however, point out that they might spoil our verbal language skills because they allow us to communicate with each other without having to express what we mean in words.

State your opinion about this issue in 100-120 English words.

九州大・改

- □ pictorial「絵のような」　□ representations「記号／表記」
- □ facial expressions「顔の表情」　□ inner emotions「心の中の感情」
- □ integral「なくてはならない／不可欠な」　□ **at first**「初めのうちは」
- □ **available**「利用できる／入手可能な」　□ characters「(表意)文字」
- □ incorporate A into B「AをBに組み入れる」
- □ Unicode「ユニコード」コンピュータや携帯・スマホなどで世界各国の文字を表現することのできるシステム。
- □ so that 節「その結果～」　□ PC「パソコン」(= personal computer)
- □ a mobile phone「携帯電話」(= a cell phone / a cellphone)
- □ **have access to O**「Oを利用する」　□ enjoy V-ing「～することを楽しむ」
- □ **add A to B**「AをBに加える」　□ **text messages**「(携帯やスマホの)メール」
- □ argue that 節「～だと主張する」　□ greatly「大いに」
- □ help V「～するのに役立つ」　□ facilitate O「Oを促進する」
- □ electronic communication「電子通信」携帯メールやEメールによる情報のやりとりのこと。
- □ body language「身体言語／ボディランゲージ」　□ vocal tones「声の調子」
- □ absent「(～が)ない／欠けている」　□ **point out that** 節「～ということを指摘する」
- □ spoil O「Oを損なう／Oをだめにする」　□ verbal language skills「言葉を使う技能」
- □ allow O to V「Oが～するのを可能にする」
- □ **communicate with O**「Oと意思疎通を行う」　□ express O in words「Oを言葉で表す」
- □ what we mean「私たちが言おうとすること／言いたいこと」
- □ state O「Oを述べる」　□ **an issue**「問題／論点」

絵文字 — 顔の表情や心の中の感情を表す絵のような記号 — は，今や私たちの日常のコミュニケーションのなくてはならない一部となっています。初めのうちは，日本でしか利用できませんでしたが，ユニコードに多くの絵文字が組み入れられ，その結果，世界中のパソコンや携帯電話のユーザーがこれらの文字を利用し，たくさんの人が絵文字を携帯メールやＥメールに付け加えるのを楽しんでいます。このような文字は，ボディランゲージや声の調子が欠けていることの多い電子通信を促進するのに大いに役立つ，と主張する人がいます。ところが，絵文字を使えば，自分の言おうとすることを言葉で表す必要がないまま互いに意思疎通を行うことができるので，私たちの言葉を使う技能が損なわれるかもしれないと指摘する人もいます。

この問題に関するあなたの意見を 100～120 語の英語で述べなさい。

模範解答例 1 （絵文字の使用に積極的な立場）

　　In my opinion, *emoji* are very useful when I send text messages to close friends, because I don't need to put into words everything I want to say; *emoji* enable me to communicate visually and humorously some of my emotions that would otherwise be too complicated to express in words.

　　When they first appeared, the variety of *emoji* was so limited that I often couldn't express my true feelings with them, but now that more and more people are using them, a far greater variety of *emoji* have become available. Thanks to *emoji*, I can not only save time but make the relationships with my friends smoother. (107 words)

⁑ ここにも注意 ⁑

emoji は日本語であって英語ではないので，英文の中ではイタリック体で書く必要があるが，手書きの答案では，*emoji* のように下線を引くか，'emoji' のように引用符（' '）で囲む必要があることに注意。

☐ in my opinion「私の考えでは」　　☐ useful「役に立つ」
☐ put into words everything I want to say「言いたいことのすべてを言葉にする」
☐ S enable O to V「S のおかげで O は〜できる」　　☐ communicate O「O を伝える」
☐ visually and humorously「視覚的にまたユーモラスに」

LET'S TRY 入試問題演習 100語前後

- □ some of my emotions that would otherwise be too complicated to express in words「さもなければ複雑すぎて言葉では表せないであろう私の気持ちの一部」
- □ when they first appeared「絵文字が最初に登場したとき」
- □ the variety of O「Oの種類」　□ **now that 節**「今や〜なので」
- □ available「利用できる」　□ thanks to O「Oのおかげで」
- □ save time「時間を節約する」　□ make O smoother「Oをより円滑にする」

> 　私の考えでは，絵文字は親しい友人に携帯メールを送るときにとても役に立ちます。というのは，自分が言いたいことをすべて言葉で表す必要がないからです。絵文字のおかげで，さもなければ複雑すぎて言葉では表せないであろう私の気持ちの一部を視覚的にまたユーモラスに伝えることができます。
> 　絵文字が初めて登場したときは，その種類がとても限られていたので，絵文字で自分の本当の気持ちを表すことができないことが多かったのですが，今はますます多くの人々が絵文字を使っているので，はるかに多くの種類の絵文字が利用できるようになりました。絵文字のおかげで，時間が節約できるだけでなく，友人との人間関係をより円滑にすることができています。

模範解答例2（絵文字の使用に慎重な立場）

　　I think that you should use emoji carefully when you send text messages or emails. When you text or email a friend or a family member, emoji can help you enjoy communicating with each other, because most of them look humorous.

　　On the other hand, when you send a text message or an email on business to a customer or your boss, you should refrain from using emoji because the other person might assume that you are not taking the message seriously. They might even think you are treating them like a casual friend, rather than as a business partner or a superior.

　　You should use emoji on the right occasion and for the right person. (116 words)

- □ text O「Oに携帯メールを送る」　□ email O「OにEメールを送る」
- □ on the other hand「他方」　□ **on business**「仕事で」
- □ a customer「取引先/顧客」　□ *one's* boss「上司」
- □ refrain from V-ing「〜するのを控える」

15

- □ assume that 節「(根拠もないのに)〜だと思い込む」
- □ take O seriously「O を真剣に考える」　□ treat O「O を扱う」
- □ rather than O「O というよりはむしろ / O ではなく」
- □ a business partner「仕事上の仲間」　□ a superior「上司」
- □ on the right occasion「適切な機会に」

> 携帯メールや E メールを送るときには，絵文字は注意深く使うべきだと思います。友人や家族に携帯メールや E メールを送るときは，たいていの絵文字がユーモラスに見えるので，絵文字は互いに意思を伝え合うのを楽しむ手助けとなります。
> 他方，仕事で携帯メールや E メールを取引先や上司に送るときは，そのメッセージを真剣に考えていないと思われるかもしれないので，絵文字を使うのは控えるべきです。相手は，自分が仕事仲間や上司ではなく，打ち解けた友人のように扱われていると考えさえするかもしれません。
> 絵文字は適切な機会に適切な人に対して使うべきです。

模範解答例 3 （絵文字の使用に反対の立場）

> I think that in the long run using emoji will make our verbal communication skills deteriorate. When we use them, we end up avoiding trying to put our thoughts and feelings into words. Of all species on the earth, only humans are able to communicate verbally what is in our minds, so we should always make as much effort as possible to express what we think and how we feel to other people in words. Using emoji in text messages or emails prevents us from making such efforts and in the end may leave us unable to compose complete sentences. In conclusion, I believe that depending too much on emoji will make us less and less literate. (117 words)

- □ **in the long run**「長い目で見れば / 結局は」(＝ eventually / in the end)
- □ our verbal communication skills「私たちの言葉による意思疎通の技能」
- □ deteriorate「悪化する / 低下する」　□ **end up V-ing**「結局〜することになる」
- □ avoid V-ing「〜するのを避ける」　□ put O into words「O を言葉にする」
- □ of all species on the earth「地球上のすべての種のうちで」
- □ communicate A (to B)「(B に) A を伝える」　□ verbally「言葉で」
- □ **what is in A's mind**「A が考えていること」　□ make effort to V「〜する努力をする」

LET'S TRY 入試問題演習 100 語前後

- [ ] as ~ as possible「できるだけ~」　□ express A to B「B に A を述べる」
- [ ] what we think「自分の考え / 自分が何を考えているか」
- [ ] how we feel「自分の気持ち / 自分がどう感じているか」
- [ ] prevent O from V-ing「O が~するのを妨げる」　□ **in the end**「最後には / 最終的に」
- [ ] leave O ＋形容詞「O を~のままにしておく」
- [ ] compose complete sentences「完全な文を作る」　□ **in conclusion**「結論として」
- [ ] **depend on O**「O に頼る / 依存する」　□ **literate**「読み書きができる」

　絵文字を使うことは，長い目で見れば私たちの言葉による意思疎通の技能を悪化させることになる，と私は思います。絵文字を使うと，結局は自分の考えや気持ちを言葉にしようとすることを避けるようになるからです。地球上のすべての生物種のうち，人間だけが自分が考えていることを言葉で伝えることができるのです から，私たちは常に自分の考えや気持ちを言葉で他の人に伝えるようにできるだけ多くの努力をするべきです。携帯メールや E メールで絵文字を使うと，私たちはそのような努力をしなくなり，最終的には完全な文を作ることができなくなってしまうかもしれません。結論として，絵文字に頼りすぎると私たちはどんどん読み書きができなくなってしまう，と私は思います。

150 語前後で書かなければならない場合

第5問　次の問いに，150 語程度の英語で答えなさい。

　As shown in the figure below, fewer Japanese students are studying abroad nowadays. Why do you think this is happening? Give two or more reasons to support your answer.

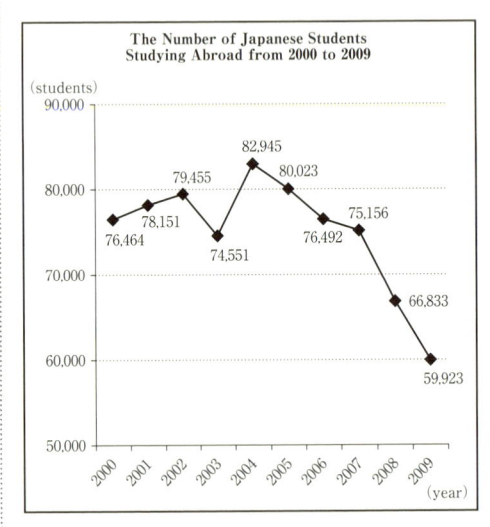

The Number of Japanese Students Studying Abroad from 2000 to 2009

(students)

- 2000: 76,464
- 2001: 78,151
- 2002: 79,455
- 2003: 74,551
- 2004: 82,945
- 2005: 80,023
- 2006: 76,492
- 2007: 75,156
- 2008: 66,833
- 2009: 59,923

(From MEXT, January 20, 2012)

長崎大

模範解答例 1

　I don't know whether the total number of students in Japan declined between 2000 and 2009. If there were fewer students in 2009 than before, it is not surprising that the number of students studying abroad was lower. This might be the main reason for the decrease.

　A second possible reason is that students in Japan today do not see any good reason for studying abroad. They think that they can study anything they want to in Japan. The other day a bright friend of mine who is majoring in physics said that Japan is ahead of other countries in certain fields of physics, and therefore it's best to continue to study physics in Japan. There is no advantage in studying abroad.

So studying abroad is only one of many options for Japanese students nowadays. Therefore the number of students studying in foreign countries is unlikely to increase in the coming years. (152 words)

☐ **major in O**「O を専攻している」　☐ be ahead of O「O より進んでいる」
☐ an option「選択肢」

日本の学生の総数が 2000 年から 2009 年の間に減ったのかどうかは知らない。もし，2009 年において，それ以前よりも学生の数が少なければ，留学する学生の数が減ったことは驚くに当たらない。このことが減少の主たる理由かもしれない。

　2 つ目のありうる理由は，今日の日本の学生は留学するもっともな理由があると思っていないということである。自分が勉強したいと思うことはどんなことであれ日本で勉強できると思っている。先日，物理学を専攻しているある賢い友だちがこう言っていた。日本は物理学のある分野では他の国々よりも進んでいる。それゆえ，日本で物理学を勉強し続けるのが最善であると言うのだ。留学することに何の利点もないのだ。

　だから留学するのは，今の日本人学生にとっては多くある選択肢の 1 つにすぎない。それゆえ，外国で勉強する学生の数は，これから増えそうにない。

模範解答例 2

In my opinion, one reason is that the English ability of students is getting worse. Because they cannot speak English well, they are afraid to go and study in English-speaking countries. According to a survey, over the last few years quite a few Japanese students gave up their university studies in English-speaking countries and returned to Japan. This was mainly because they couldn't keep up with their classes.

Another reason is that Japanese students nowadays rarely try to do anything difficult or challenging. Unless they are confident of succeeding, they never try to do anything new. Studying abroad is a kind of challenge, because it usually requires students to experience a completely different culture. So it is not surprising that the number of students studying abroad is decreasing.

There may be other reasons, but in my view these are the two biggest causes of the decrease in the number of students studying abroad. (153 words)

☐ **keep up with O**「Oについていく」　☐ **challenging**「挑みがいのある」
☐ **be confident of V-ing**「〜することを確信している」

　私が思うに，理由の1つは，学生の英語力が低下してきているということである。英語をうまく話せないので，英語圏の国に留学するのを尻込みするのである。ある調査によると，過去数年の間に，かなり多くの日本人学生が英語圏の国々の大学での勉学を断念し，日本に戻ってきたとのこと。これは主に，大学での授業についていけなかったからであった。
　もう1つの理由は，今の日本人学生は，どんなことであれ，難しいことや，挑みがいのあることにはめったに挑戦しようとしないからである。成功すると確信していない限り，新しいことには決して挑戦しようとはしない。留学することは，一種の挑戦である。なぜなら，留学すれば学生はまったく異なる文化を経験せざるを得なくなるのが普通だからである。だから，留学する学生の数が減っているのも当然である。
　他にも理由があるかもしれないが，私の考えでは，これらが，留学する学生の数が減っている2大原因である。

第6問　Write 120 to 150 words of English on the topic below.

　　TV news and newspaper articles should only state facts and should avoid expressing political viewpoints. Explain why you agree or disagree with this opinion.　　　　　　　　　　　　　　　一橋大

☐ **the topic below**「下記の論題」　☐ **newspaper articles**「新聞の記事」
☐ **state O**「Oを述べる」　☐ **avoid V-ing**「〜するのを避ける」
☐ **express O**「Oを表す／Oを表明する」　☐ **political**「政治的な」
☐ **a viewpoint**「立場／見解」　☐ **explain O**「Oを説明する」

　120〜150語の英語で，下記の論題について書きなさい。
　テレビのニュースや新聞の記事は，事実を述べるだけにすべきであり，政治的な見解を表明するのは避けるべきである。あなたがこの意見になぜ賛成するのか，または反対するのかを説明しなさい。

模範解答例1（賛成の立場）

　　I agree with the idea that TV news and newspaper articles should only state facts and should avoid expressing political viewpoints. The role of the most influential mass media like TV and newspapers should be to provide the general public with unbiased accounts of what is happening in the world. If those news resources provided only prejudiced viewpoints, people would have great difficulty making fair and sensible decisions about what they see and read.

Also, people who prefer to get information that is individualistic and thus prejudiced in some way can search other sources for such information. The Internet in particular is so widely used that anyone can have access to information of all kinds through their PCs and smartphones.

In conclusion, TV and newspapers should confine themselves to providing unprejudiced information. It is up to the viewers and readers to decide whether that information is worth getting or not. (150 words)

- the role of O「Oの役割」
- influential「影響力のある」
- mass media「マスメディア」
- **provide A with B**「AにBを提供する」
- the general public「一般大衆」
- unbiased accounts of O「Oに関する偏見のない説明」
- what is happening in the world「世界で起きている事」
- news resources「ニュース源」
- prejudiced「偏見に満ちた/不公平な」
- **have great difficulty V-ing**「~するのに大いに苦労する」
- make fair and sensible decisions「公平で分別のある決定を下す」
- prefer to V「~することのほうを好む」
- individualistic「個人的な」
- thus「したがって/だから」
- **in some way**「ある意味で/何らかの点で」
- search A for B「Bを求めてAを捜す」
- **in particular**「特に」
- **have access to O**「Oを利用する」
- O of all kinds「あらゆる種類のO」
- in conclusion「結論として」
- confine *oneself* to V-ing「~するだけに留める」
- unprejudiced「偏見のない/公平な」
- It is up to O to V「~するのはO次第だ」
- viewers「テレビの視聴者」
- readers「(新聞の)読者」
- **be worth V-ing**「~する価値がある」

テレビのニュースや新聞の記事は，事実を述べるだけにすべきであり，政治的な見解を表明するのは避けるべきである，という考えに私は賛成です。テレビや新聞のような最も影響力のあるマスメディアの役割は，世界で起きている事に関する偏見のない説明を一般大衆に提供することであるべきです。もしそのようなニュース源が偏見に満ちた見解ばかりを提供したなら，人々は自分が見たり読んだりするものに関して公平で分別

のある決定を下すのに大いに苦労することでしょう。

　また，個人的であり，それゆえに何らかの点で偏見のある情報を得るほうが好きな人は，そのような情報を求めて他の情報源を捜せばよいのです。特にインターネットはとても広く使われているので，パソコンやスマホを通じて，誰でもあらゆる種類の情報を利用することができます。

　結論として，テレビと新聞は，偏見のない情報を提供するだけに留めるべきです。そのような情報が手に入れる価値のあるものかどうかを決めるのは，テレビの視聴者や新聞の読者次第なのです。

模範解答例2（反対の立場）

　I think that TV news and newspaper articles should not only state facts but also express certain political viewpoints.

　First of all, how could a news reporter report news from a completely objective viewpoint? Every news reporter naturally has their own political point of view, which affects the way they understand events and report the news. If no TV news or newspaper articles were biased in any way, it would make no difference which news program we watched or which newspaper we read. That would be a big loss, because many TV viewers or newspaper readers want to listen to or read some expert views on every piece of news.

　Besides, as some people tend to blindly hold on to their own narrow-minded opinions, I think it is necessary for TV news and newspaper articles to play an important role in exposing them to a wide range of political opinions.（150 words）

- **not only A but also B**「Aばかりでなく Bも」　□ certain「ある特定の」
- **first of all**「まず第一に」　□ news reporter「記者」
- a completely objective viewpoint「完全に客観的な視点」
- naturally「当然のことだが」　□ point of view「視点／見解」（= viewpoint）
- affect O「Oに影響を与える」　□ the way S V「～する方法／やり方」
- events「出来事」　□ be biased「偏見を持っている／偏っている」
- **not ~ in any way**「どんな点においても～ない」
- **make no difference**「重要でない／どうでもよい」

- □ a big loss「大きな損失」　□ expert views「専門的な意見 / 専門家の見解」
- □ **besides**「さらに / そのうえ」　□ tend to V「～する傾向がある / ～しがちである」
- □ blindly「盲目的に / やみくもに」　□ hold on to O「O にしがみつく / こだわる」
- □ narrow-minded「視野の狭い / 狭量な」
- □ play a(n) ～ role in V-ing「…することにおいて～な役割を果たす」
- □ **expose A to B**「A を B にさらす」
- □ **a wide range of O**「広い範囲の O / さまざまな(種類の)O」

　テレビのニュースと新聞の記事は，事実を述べるばかりでなく，特定の政治的見解も表明するべきだ，と私は思います。

　まず第一に，どうすれば記者は完全に客観的な視点からニュースを報道することができるのでしょうか。当然のことですが，どの記者も自分自身の政治的見解を持っていて，それがその記者の出来事の理解やニュースの報道の仕方に影響を与えます。もし，どのテレビのニュースや新聞記事もいかなる点においても偏っていないとしたら，どのニュース番組を見るか，どの新聞を読むかということは，どうでもよいことになるでしょう。それは大きな損失となるでしょう。というのは，たくさんのテレビの視聴者や新聞の読者が，すべてのニュースについて専門的な意見を聞いたり読んだりしたいと思っているからです。

　さらには，自分の狭量な意見に盲目的にしがみつきがちな人が一部にいるので，テレビのニュースや新聞記事はそのような人たちをさまざまな政治的意見にさらす上で重要な役割を果たすことが必要だ，と私は思います。

200 語前後で書かなければならない場合

第 7 問 あなたは，21 世紀の日本がどのように変化すると考えますか。あるいはどのように変わってほしいと願っていますか。あなたの考えや希望を 200 語程度の英語で述べなさい。　　　　　　　　　　　　　　　　　山形大

模範解答例 1

　　In the twenty-first century, life in Japan will become more and more complicated, because of advances in science and technology. In medicine, for example, scientists will find cures for many diseases which cannot be cured at present. Because of this, Japan will have a large elderly population, and society will have to change as a result.

　　World oil supplies are likely to run out during the twenty-first century. This will cause big problems. New forms of energy will be developed, but society will have to change. For example, as transport becomes more expensive, fewer people will travel to work in factories and offices, and more people will work in their own homes, through computer networks.

　　In the twentieth century, rich people became richer and poor people became poorer. If this trend continues in the twenty-first century, society will become more and more violent. So it is important that we should try to reduce the difference between rich and poor people in Japan, and try to help poor people in other countries.

　　I think the Japanese will face a lot of problems and challenges in the twenty-first century. But if we can solve these problems, Japan will be a good place to live. (202 words)

☐ **transport**「交通機関 / 輸送機関」　☐ **reduce O**「O を減らす」

21 世紀には，日本の生活は科学技術の進歩のおかげでますます複雑になるだろう。たとえば，医学では，科学者が今のところ不治とされる多くの病気の治療法を発見するだろう。このため，日本は高齢者が増え，その結果社会が変化せざるをえなくなるだろう。世界の石油供給は，21 世紀の間に枯渇する可能性が高い。このことは，大きな問題を

引き起こすだろう。新しい種類のエネルギーが開発されるであろうが,社会は変化せざるをえなくなるだろう。たとえば,輸送機関が高くなるにつれて,工場や会社での仕事に通勤する人たちが減ってゆき,コンピュータでのネットワークを通して自宅で仕事をする人たちが増えていくだろう。

　20世紀には,裕福な人たちはますます裕福になり,貧しい人たちはますます貧しくなった。もしこの傾向が21世紀にも続けば,社会はますます暴力的になるだろう。だから,日本における裕福な人たちと貧しい人たちの間の格差を減らし,他の国の貧しい人たちを助けようと努めることが重要である。

　21世紀には,日本人は多くの問題と難題に直面するだろうと思う。しかし,これらの問題を解決できれば,日本は住みやすい国となるだろう。

模範解答例 2

　Japan's future does not seem bright at the beginning of the 21st century. The economy is in a bad state, and people are seriously worried about the future. It is difficult for young people to find good jobs, and older people are not sure whether they will receive adequate pensions.

　If we want Japan to be successful in the 21st century, we should think more carefully about the education system. Up to now it has produced people who don't have ideas of their own. People like this are easy for the government and companies to control, but now they need to change. People should be more flexible and creative, so that they can find solutions to the new problems they will face during the 21st century.

　I hope the attitude of politicians and civil servants will change. Some of them show little interest in serving people. They are bad role models for young people, who no longer respect adults as they used to. And there seems to be too much interest in money among Japanese people, perhaps because we are always comparing ourselves with others. I hope people's way of thinking will gradually change, so that we have a more honest and less selfish society.　(205 words)

□ adequate「十分な」　□ flexible「柔軟な・融通の利く」　□ a civil servant「公務員」

21世紀の初頭において日本の将来は，明るいようには見えない。経済状態は悪く，人々は将来を真剣に心配している。若い人たちはよい仕事を見つけることが難しいし，年配の人たちは十分な年金をもらえるかどうか確信を持てていない。

　日本が21世紀に成功して欲しいと思うならば，教育制度についてもっと注意深く考えるべきである。今までのところ，自分なりの考えを持たない人たちを作り出している。このような人たちは，政府や会社が操るのは容易であるが，今や変わる必要がある。人々はもっと柔軟で，創造的であるべきなのだ。そうすれば，21世紀の間に直面する新たな問題に対する解決策を見つけることができる。

　政治家と公務員の考え方が変わって欲しいと思う。彼らの中には国民に奉仕することにほとんど興味を示さない者がいる。彼らは若い人たちにとっては，悪い役割モデルであり，もはや若い人たちは昔のように大人を敬うことをしない。そして，日本人はお金に対する関心があまりに大きいように見える。それはひょっとしたら，自分を他の人といつも比べているからかもしれない。人々のものの考え方が徐々に変わり，もっと正直で，もっと自己中心的でない社会になって欲しいと思う。

第8問 In recent years there has been an increasing emphasis on globalization. It is becoming more and more important for us to communicate with people from all over the world. This does not necessarily mean using only English. There are many other languages spoken in the world. Most Japanese high school students, however, only learn English. In contrast, students in some other countries learn two or three different languages. Do you think that Japanese students should also learn a second foreign language in high school?
　Write your opinion with reasons in 200-250 English words.　　千葉大

□ **in recent years**「近年」
□ an increasing emphasis on O「ますますOを重視すること」
□ globalization「グローバリゼーション／国際化」
□ communicate with O「Oと意思疎通を行う」
□ people from all over the world「世界中の人々」
□ This does not mean ～「だからといって～ということにはならない」
□ **not necessarily** ～「必ずしも～でない」
□ There is A ＋過去分詞「Aが～されている」
□ **in contrast**「(それとは)対照的に」　　□ a second foreign language「第2外国語」

LET'S TRY 入試問題演習 200 語前後

近年，グローバリゼーションがますます強調されています。私たちが世界中の人々と意思疎通を行うことがますます重要になってきています。だからといって，必ずしも英語だけを使えばよいということにはなりません。他にもたくさんの言語が世界で話されているからです。ところが，ほとんどの日本の高校生は，英語しか学習しません。対照的に，学生が，2～3の違う言語を学習している国も中にはあります。あなたは，日本人の学生も高校で第2外国語を学習すべきだと思いますか。

あなたの意見を，理由を添えて200～250語の英語で書きなさい。

模範解答例1（賛成の立場）

　　I think that Japanese high school students should learn another foreign language besides English. Firstly, more and more people are traveling abroad nowadays, and young Japanese people will have more opportunities to go abroad to study in the near future. When they study abroad, being fluent in more than one foreign language will help them learn more about foreign cultures than knowing only English as a foreign language.

　　Secondly, in an age of increasing globalization, knowing only one foreign language will not be enough for many young Japanese people to survive in a competitive world community. It is true that English is the most widely used foreign language all over the world and having a good command of English will certainly help them succeed in business to some extent, but there are large numbers of people in the world who don't understand English but speak only French, Spanish, or Chinese. If they want to be really successful in some part of the world economy, being able to speak more than one foreign language is essential.

　　Moreover, Japanese high school students need to realize that learning a language like French and Spanish as a second foreign language is far easier than learning English as their first foreign language. The "language distance" between English and French or Spanish is much shorter than that between English and Japanese, so if you have become fairly fluent in English, it will not be so difficult to learn French or Spanish. (245 words)

- □ besides O「O の他に / O に加えて」　　□ travel abroad「海外旅行をする」
- □ opportunities to V「～する機会」　　□ go abroad to study「留学する」（= study abroad）
- □ **in the near future**「近い将来に」　　□ be fluent in O「O（言語）が流暢である」
- □ more than one foreign language「複数の外国語」
- □ in an age of increasing globalization「ますます国際化が進む時代において」
- □ survive in a competitive world community「競争の激しい国際社会で生き残る」
- □ It is true that 節, but...「確かに～だが，…」
- □ **have a good command of O**「O（言語）を自由に操る能力がある / O が達者である」
- □ succeed in business「ビジネスで成功を収める」
- □ **to some extent**「ある程度」　　□ large numbers of O「多数の O」
- □ be successful in O「O において成功する」
- □ some part of the world economy「世界経済の何らかの分野」
- □ essential「不可欠の / 絶対に必要な」　　□ **moreover**「さらに / そのうえ」
- □ realize that 節「～ということがよくわかる / ～ということに気づく」
- □ far +比較級「はるかに～ / ずっと～」（= much +比較級）
- □ the "language distance"「いわゆる『言語的隔たり / 言語間の距離』」ある言語と別の言語の間にどれくらい相違があるかを測る指標。この数値が少ないと類似性が多いことになる。the linguistic distance とも言う。
- □ fairly「かなり」

　私は，日本の高校生は英語の他にもう1つ別の外国語を学習すべきだと思います。まず第一に，今はますます多くの人が外国旅行をするようになっていて，近い将来に若い日本人が留学する機会がより多くなるでしょう。留学したときに複数の外国語が流暢であれば，外国語として英語しか知らない場合より，外国文化についてより多く学ぶことができるでしょう。

　第二に，ますます国際化が進む時代にあっては，たった1つしか外国語を知らないのでは，多くの若い日本人が競争の激しい国際社会を生き抜くには十分ではないでしょう。確かに英語は世界で最も広く用いられている外国語ですし，英語が堪能であれば，ビジネスである程度の成功を収めることができるでしょうが，世界には英語がわからずにフランス語やスペイン語や中国語だけを話す人がたくさんいます。日本の若者が世界経済の何らかの分野で本当に成功したいと思うなら，複数の外国語を話すことができることが不可欠なのです。

　さらに，フランス語やスペイン語のような言語を第2外国語として学習することは，英語を第1外国語として学習することよりもはるかに簡単であることを，日本の高校生はしっかり理解する必要があります。英語と，フランス語やスペイン語の間のいわゆる「言語的隔たり」は，英語と日本語の間の距離よりずっと小さいので，英語にかなり流暢

になっているなら，フランス語やスペイン語を学習することはそれほど難しくはないでしょう。

模範解答例 2（反対の立場）

　　I don't think that Japanese students need to study another foreign language apart from English. First of all, a great number of high school students in Japan already have a lot of difficulty studying English as a foreign language. If they are forced to learn another foreign language, they will not be able to deal with any foreign language at all and, what is worse, they might lose interest in studying other subjects as well.

　　Furthermore, as long as they live in Japan, Japanese high school students don't have to use any foreign languages in their everyday lives. The people around them all speak Japanese and even many of the people from abroad can speak some Japanese, so they seldom face a situation in which they have to speak a language other than Japanese. So I think it is strange that English is a required subject rather than an optional one in high school. It would be much more sensible if only those who were keenly interested in learning a foreign language could study any foreign language they like.

　　Lastly, I am afraid that young Japanese people know too little about their own culture, so instead of learning another foreign language, they should learn more about the history, economy, literature, and geography of their own country. That would contribute to producing knowledgeable Japanese people who can support Japan in the future.　(231 words)

□ **apart from O**「Oの他に / O以外に」(= aside from O / besides O)
□ **a great number of O**「多数のO」　□ **have difficulty V-ing**「～するのに苦労する」
□ **be forced to V**「～するのを強いられる」　□ **not ～ at all**「まったく～ない」
□ **deal with O**「Oに対処する」　□ **what is worse**「さらに悪いことに」
□ **lose interest in V-ing**「～することへの興味を失う」　□ **A as well**「Aも」
□ **furthermore**「さらに / そのうえ」　□ **as long as 節**「～する限りは」
□ **in their everyday lives**「日常生活において」
□ **the people from abroad**「外国(出身の)人たち」

- □ seldom「めったに〜ない」(＝ rarely)　　□ face O「O に直面する」
- □ a situation「状況」　　□ A other than B「B 以外の A」　　□ strange「奇妙な」
- □ a required subject「必須科目」　　□ an optional one「選択科目」one は subject の代用。
- □ much ＋比較級「はるかに〜 / ずっと〜」　　□ sensible「分別のある / 賢い」
- □ keenly「強烈に / 激しく」　　□ **lastly**「最後に」
- □ I am afraid that 節「残念ながら〜と思う」
- □ **instead of V-ing**「〜する代わりに / 〜しないで」　　□ the economy「経済」
- □ literature「文学」　　□ geography「地理」
- □ **contribute to V-ing**「〜することに貢献する」
- □ produce O「O(すぐれた人材)を生み出す / O を輩出する」
- □ knowledgeable「聡明な / 知識の豊富な」　　□ support O「O を支える」
- □ **in the future**「将来」

　私は，日本人の学生が英語以外の外国語を勉強する必要があるとは思いません。まず第一に，多くの日本の高校生は，すでに外国語として英語を学習することに大いに苦労しています。もしもう１つ外国語を学習することを強いられたら，彼らは外国語にまったく対処することができなくなるでしょうし，さらに悪いことに，他の科目を勉強することへの興味も失うかもしれません。

　さらに，日本に住んでいる限り，日本の高校生は日常生活でまったく外国語を使う必要がありません。周りの人たちはすべて日本語を話しますし，外国出身の人たちの多くも日本語をいくらか話すことができますから，彼らが日本語以外の言語を話さなければならない状況に直面することはめったにないのです。ですから，高校で英語が選択科目ではなく必須科目になっていることは奇妙である，と私は思います。外国語を学習することに強烈な興味を持っている人だけが好きな外国語をどれでも勉強することができるのであれば，はるかに賢明なことだと私は思います。

　最後に，残念ながら若い日本人は自分の文化のことをあまりに知らなすぎると思いますから，もう１つ外国語を学習する代わりに，自国の歴史，経済，文学，そして地理についてもっと学ぶべきです。そうすれば，将来の日本を支えることのできる聡明な日本人を生み出すことに貢献することになるでしょう。

付録　形式別入試問題例

　時間的に余裕のある受験生は，自分の志望校の出題形式，あるいは求められている語数に近い問題を選んで，実際に答案を作成してみましょう。

　時間的に余裕がない受験生は，実際に答案を書いてみなくてもよいですが，太字の語句・表現に特に気をつけながら模範解答例を読んで研究してみるだけでも役に立つはずです。

1　あるテーマに関して自分の意見を述べる（賛成か，反対か，保留か）

> **問題**　Write an argument either FOR or AGAINST the following statement in about 100 words of English.
>
> 　　　Ordinary people should no longer own cars today.　　　一橋大・改

模範解答例1（賛成の立場）

　I agree with the view that people should no longer have their own cars. The world is already using too much oil, and this is causing global warming and changes in the climate, as well as noise pollution and air pollution. **But** more and more people in more and more countries wish to own cars. **It is wrong for** people in some countries but not others to own cars, **so** the best solution is to stop ordinary people everywhere from owning cars, **though** for some people a car is essential. **And** we need to improve public transport a great deal.　（100 words）

□ **agree with the view that** 節「～という考えに賛成である」
□ **no longer**「もはや～でない」　　□ **global warming**「地球の温暖化」
□ **changes in the climate**「気候の変化」
□ **noise pollution and air pollution**「騒音公害と大気汚染」
□ **wish to own cars**「車を持ちたがっている」
□ **It is wrong for O to V**「Oが～するのは間違っている」
□ **the best solution is to V**「最善の解決策は～することである」
□ **stop O from V-ing**「Oが～するのをやめさせる」　　□ **essential**「絶対に必要な」

31

☐ **improve public transport**「公共交通機関を改善する」　　☐ **a great deal**「大いに」

> 人はもはや自分の車を持つべきではない，という考えに私は賛成です。今の世界ではすでにあまりに多くの石油が使われていて，このことが騒音公害や大気汚染ばかりでなく，地球の温暖化や気候の変化をも引き起こしています。しかし，ますます多くの国々のますます多くの人たちが車を持ちたがっています。国によっては人が車を持つことは間違っているのですから，最善の解決策は，どこの国でも一般人が車を持つことをやめさせることです。もっとも，一部の人たちにとっては，車は絶対必要ですが。また，公共交通機関を大いに改善する必要があります。

模範解答例 2 （反対の立場）

　　I believe that ordinary people **should** continue to own cars. These days it is essential to have one's own car, **especially** if one lives in the countryside. Many shopping centers are outside towns, and can only be reached by car. **And** when the weather is bad, people need cars to travel to work or to drive their children to and from school.

　　Also, the car industry is very important in Japan. If ordinary people were not allowed to own cars, thousands of workers would lose their jobs, and the economic effect on this country would be terrible.　　(97 words)

☐ **especially if S V**「S が〜の場合は特に」　　☐ **in the countryside**「田舎に」
☐ **can only be reached by car**「車でしか行くことができない」
☐ **travel to work**「通勤する」
☐ **drive their children to and from school**「子どもを学校まで車で送り迎えする」
☐ **the car industry**「自動車産業」　　☐ **be allowed to V**「〜することを許される」
☐ **thousands of O**「何千もの O」　　☐ **lose *one's* job**「職を失う」
☐ **the economic effect on this country**「この国への経済的影響」　　☐ **terrible**「ひどい」

> 　一般人は車を所有し続けるべきだと思います。今日では自分の車を持つことは絶対必要なことであり，田舎に住んでいる場合は特にそうです。多くのショッピングセンターが郊外にあり，車でしか行けないこともあります。それに，天気が悪いときには，通勤したり子どもを学校まで送り迎えしたりするのに車が必要です。
> 　また，自動車産業が日本ではとても重要です。もし一般人が車を持つことを許されなくなったら，何千人もの労働者が職を失うことになり，この国への経済的な影響はとてもひどいものになるでしょう。

付録　形式別入試問題例 2

2　課題文（英文，和文，会話文など）を読んで，意見や希望などを述べる

問題 1　日本を観光に訪れたアメリカ人男性が，後日次のような内容の投書をある新聞に寄せています。これを読んで，あなたの意見を 80 語程度の英語で書きなさい。コンマやピリオドなどは語数に含めません。

　日本の治安の良さや，親切で礼儀正しい国民性は世界に誇るべきものだと私も思う。しかしながら，この国を旅してみて困惑することが多々あったのも事実である。例えば，1,200 円も払って入場した博物館で私に理解できたのは 'Do not touch' という表示だけだった。また，地下鉄やバスの切符を買おうとしたところ，英語が通じないばかりか私を助けてくれる人さえいなかった。東京都心のレストランでも，メニューは日本語ばかり。もっと多くの観光客に来てもらいたかったら，日本も「国際化」することが必要である。少なくとも，世界中で英語が話されていることを日本の皆さんは認識してほしい。
　　　　　　　　　　　　　　　　　　　　　　　　　　　　　　広島大

模範解答例 1　（賛成の立場）

　I think this American is right. Japan does not do enough to help foreigners who are visiting Japan. English is increasingly used as an international language. **In spite of this**, there are few signs in English, **except** in only a few places like airports. **And although** all Japanese learn English at school, the main emphasis is on grammar and spelling; **as a result**, very few Japanese are able to communicate with foreigners in English. We **should** provide foreign visitors with much more information in English.　(85 words)

☐ increasingly「ますます」　　☐ an international language「国際語」
☐ in spite of O「O にもかかわらず」　　☐ a sign「標識」　　☐ emphasis「重点」
☐ provide A with B「A に B を与える」

　このアメリカ人は正しいと思います。日本は日本を訪れている外国人の手助けとなるようなことを十分やっていません。英語はますます国際語として使われるようになっています。これにもかかわらず，空港のようなごく少数の場所を除けば，英語の標識はほとんどありません。また，すべての日本人が学校で英語を学んでいますが，文法と綴りに主

33

に重点が置かれています。その結果，英語で外国人と意思疎通ができる日本人はほとんどいません。外国人観光客に今よりもはるかに多くの情報を英語で与えるべきです。

模範解答例 2（反対の立場）

I don't agree with the American tourist. **It is well known that** Americans make little effort to learn foreign languages; wherever they travel, they expect everybody to speak and understand English. Travelers **should** always learn something about the country they are visiting and at least a few words of the language. **If** this American is right that the Japanese should provide signs and explanations in English, **then** there should be signs and explanations in Japanese for Japanese people visiting America. (80 words)

□ a tourist「観光客」　□ expect O to V「O が当然〜するものと思う」
□ an explanation「説明」

　このアメリカ人観光客の意見には反対です。アメリカ人が外国語を学ぼうとする努力をほとんどしないことは有名です。アメリカ人はどこに旅行しても，当然誰もが英語を話し理解するものと思っています。旅行者は自分が訪れている国について常に何かを，そしてそこの言語を少なくとも二言三言学ぶべきです。英語の標識や説明を日本人が与えるべきであるという点でこのアメリカ人が正しいというなら，アメリカを訪れる日本人向けに日本語による標識や説明があってしかるべきです。

問題 2　次の Allen と Susie の会話を読んで，どちらかの人の立場に立って，その人の意見を支持する文を 100 語〜150 語の英語でまとめなさい。

Susie: Allen, I wish you wouldn't do that.

Allen: Do what?

Susie: Feed those stray cats!　Look, here comes another one.　See, as soon as you start feeding them, more and more come around looking for food.

Allen: Oh, come on, Susie.　I'm not doing anything wrong.　They're so cute.

Susie: No, Allen. They're a nuisance. They make noise at night. They get into the garbage all the time. They are a constant bother.

Allen: They're just animals. Nobody takes care of them. If I don't do this, who'll feed them?

Susie: Look. It's not our responsibility. It's not your responsibility. I think you just ought to call the city pound or something.

Allen: Do you know what happens when they go to the pound? They just kill them. Could you sleep at night with that on your conscience? I couldn't!

Susie: Allen, you can't take care of all the stray animals in this whole city. It's their job to take care of them.

Allen: Well, I can help. It's just a little thing. It's just a little milk…

注　pound: a place where stray animals are kept by the city

東京学芸大

☐ feed O「O に餌を与える」　☐ a stray cat「野良猫」
☐ **a nuisance**「不愉快なもの / 困り者」　☐ **garbage**「生ゴミ」
☐ get into the garbage「ゴミを漁る」　☐ a bother「悩みの種 / 厄介者」
☐ with that on your conscience「そのことをやましく感じながら」

スージー：アレン，そんなことをしないで欲しいわ。
アレン　：何を？
スージー：あの野良猫たちに餌をやることよ。見て，また別の猫が来るわ。ね，餌をやり始めたとたんに，食べ物を探してどんどんたくさん集まってくるのよ。
アレン　：おいおい，やめろよ，スージー。俺は何も悪いことをしていないよ。あの猫たち，実にかわいいじゃないか。
スージー：そんなことないわ，アレン。あの猫たちは厄介者よ。夜はうるさいし，生ゴミをあさってばかりいる。いつでも厄介者よ。
アレン　：あの猫たちはただの動物だよ。誰も面倒を見ない。俺が餌をやらなきゃ，誰が餌をやるんだ。
スージー：あのね，それは私たちの責任じゃないわ。あなたの責任じゃないのよ。市の動物愛護センターか何かにちょっと電話をかけるべきだと思うわ。
アレン　：センターに行ったらどうなるのか知っているのかい？　ただ殺してしまうだけだよ。そのことをやましく思いながら夜眠れるのかな？　俺だったらできないよ。
スージー：アレン，この市全体にいる野良の動物すべての世話はできないわ。野良の動

> 物の面倒を見るのは彼らの仕事なのよ。
> アレン ：えーとね，俺は手助けはできるよ。ほんの小さなことだし。ほんの少しの牛乳だけだし…。

模範解答例 1

　　I think Susie is right: Allen **should** not feed stray cats. There are two reasons for this.

　　First, the cats annoy other people. It is clear that Susie doesn't like having so many stray cats around. **And** the cats may keep the neighbors awake at night by making a lot of noise. **Also**, they get into the garbage, looking for food, and break open all the bags. **So** there is garbage everywhere in the morning.

　　Second, as Susie says, it is not Allen's responsibility to feed the cats. The city government, not Allen, **should** deal with stray cats. If Allen does things that other people should do, he will cause trouble and confusion.

　　In conclusion, I feel Allen **should** not feed the cats. He is trying to be kind, **but** he is just causing problems for others. （137 words）

- annoy O 「O を悩ます」
- keep the neighbors awake 「近所の人たちの目を覚まさせておく」
- **make a lot of noise**「相当うるさくする」
- break open all the bags「袋をすべて破って開く」　　□ the city government「自治体」
- **cause trouble and confusion**「トラブルと混乱を引き起こす」
- **in conclusion**「要するに」

　私はスージーが正しいと思います。アレンは野良猫に餌をやるべきではありません。これには2つの理由があります。

　まず第一に，猫は他の人たちの迷惑になります。スージーが自分の周りにあまりにたくさん野良猫がいるのは好まないというのは明白です。また，猫は相当うるさくて近所の人たちが夜眠れなくなることもあります。さらに，餌を求めてゴミを漁り，袋をどれもみんな破り開きます。だから，朝には至る所にゴミが散らかっています。

　第二に，スージーが言うように，猫に餌をやるのはアレンの責任ではありません。アレンではなく，自治体が野良猫を扱うべきです。他の人たちがやるべきことをアレンがするなら，彼はトラブルと混乱を引き起こすでしょう。

要するに，アレンは猫に餌をやるべきではないと思います。彼は親切にしようとしていますが，他の人たちに問題を起こしているだけです。

模範解答例 2

I agree with Allen. **I think** his attitude is kinder and more responsible than Susie's.

Allen thinks that if he doesn't feed the stray cats, nobody will, and **then** some of them may die. Probably, most of these cats are no longer fed by their owners. As often happens, they are animals suffering at the hands of human beings.

Susie is typical of many people today. She expects others to deal with difficulties, and doesn't try to solve problems herself. She thinks that the government **should** do something about the stray cats, even if the cats are killed as a result.

I wish there were more people who tried to help a bit, like Allen, rather than just leaving the responsibility to others, as Susie does. The world would be a better place. (133 words)

☐ attitude「態度／考え方」　☐ **as often happens**「よくあることだが」
☐ at the hands of human beings「人間のせいで」　☐ **be typical of O**「O の典型である」

アレンに賛成です。スージーの態度よりもアレンの態度のほうが親切で，責任感があると思います。

自分が野良猫に餌をやらなければ誰もやらないだろうし，中には死んでしまうものもいる，とアレンは思っています。恐らく，これらの猫の大半はその飼い主にもはや餌をもらえないでしょう。よくあることですが，これらの動物は人間のせいで苦しんでいる動物です。

スージーは今日の多くの人たちの典型です。彼女は他の人たちに厄介なことをやって欲しいと思っていて，自分で問題を解決しようとしません。結果的に野良猫が殺されるとしても，自治体が何かをすべきであるとスージーは思っています。

スージーのようにただ責任を他の人たちに任せるのではなくて，アレンのように少しは手助けしようとする人がもっといて欲しいと思います。そうすれば世の中がもっとよい所になるでしょう。

3 絵, 漫画, 図表などを見て説明する, または物語などを自分で創造する

問題 1

Make a story in English from these pictures (around 100 words).

神戸商科大

模範解答例 1

　One day at 5 p.m., when Mary **finished** work and **left** the office, she **found** the sky **was** dark and it **was** raining hard. It **had been** fine in the morning, so she **hadn't brought** a raincoat or an umbrella. She **didn't** want to get wet, so she **went** back into the empty office and **worked** for half an hour. When she **came** out again, the sun **was** shining, and she **was** very pleased that she **hadn't got** wet. Unfortunately, at that moment a bus **went** past, splashing her with rainwater from the road. She **was** soaked to the skin. (100 words)

☐ splash A with B「AにBをはねかける」　☐ be soaked to the skin「びしょ濡れになる」

　ある日のこと午後5時に, メアリーが仕事を終え, 会社を出たとき, 空は暗く雨がひどく降っていました。朝は晴れていたので, 彼女はレインコートも傘も持ってきていませんでした。濡れたくなかったので, 誰もいない会社に戻って30分間仕事をしました。再び会社から出ると, 日が照っていたので, 濡れなかったことをとてもうれしく思いました。不運にも, そのとき1台のバスが通り過ぎて, 彼女に道路の雨水をはねかけました。彼女はびしょ濡れになってしまいました。

模範解答例 2

　　Once there **was** a typist who **hated** rain. Even with an umbrella, she **couldn't** bear going out in the rain. One day it **was** raining when her working day **was** over, so she **returned** to her desk and **did** some more work. When it **was** sunny again, she **started** on her way home.

　　She **thought** she **had missed** the bus, so she **walked** towards the next bus-stop. Actually the bus **was** late, but it **splashed** so much water on her that the driver **stopped** the bus to apologize, and she **was** able to get on. Although her clothes **were** wet, she **felt** lucky to have caught the bus home. (109 words)

☐ hate O「O が大嫌いだ」　　☐ bear V-ing「～することに耐える」
☐ start on *one's* way home「家路につく」　　☐ miss O「O(乗り物)に乗り遅れる」
☐ **splash A on B**「B に A をはねかける」
☐ apologize (to A for B)「(A に B のことで)謝る／謝罪する」

　かつて雨が大嫌いなタイピストがいました。傘をさしていても，雨の中を出かけるのには耐えられませんでした。ある日，一日の仕事が終わったとき，雨が降っていました。そこで彼女はデスクに戻り，もう少し仕事をやりました。再び天気になったとき，彼女は家路につきました。

　彼女はバスに乗り遅れたと思って，次のバス停に向かって歩きました。実はバスは遅れていました。しかし，バスがあまりに多くの雨水を彼女にはねかけてしまったので，運転手がバスを止めて謝りました。それで，彼女はバスに乗ることができました。彼女の衣服は濡れていましたが，帰りのバスに乗れてラッキーだと彼女は思いました。

問題 2　次の英文の書き出しの後に文章を続けて，短い物語を書きなさい。自分の実体験に限らなくてよい。語数(文字数ではない)は，ここに既に書かれている英語の書き出しの部分は数えず，100 語程度(80～120 語)とする。句読点は語数に数えない。

　　From the moment I found that I had overslept, I knew it was going to be a bad day.

〈九州大〉

模範解答例 1

From the moment I found that I had overslept, I knew it was going to be a bad day. I **had promised** to drive to the airport to collect a friend of mine, Sachiko, who **was** coming from Tokyo. Even if I **left** for the airport immediately, I **would** probably be at least an hour late. I **left** ten minutes after waking up, but there **wasn't** much petrol in the car, so I **had** to stop. And then I **got** stuck in the morning traffic jam. I finally **reached** the airport, and **started** looking for Sachiko. But I **couldn't** find her anywhere. Then I suddenly **realized** that I **had made** a mistake about the date; she **wasn't** coming today. （100 words）

- □ collect O「O を迎えに行く」　□ **leave for O**「O に向かう」
- □ immediately「すぐに / 直ちに」
- □ ten minutes after waking up「目が覚めてから 10 分後に」
- □ petrol「ガソリン」　□ **get stuck in O**「O（交通渋滞）につかまって動けなくなる」
- □ the morning traffic jam「朝の交通渋滞」　□ **realize that** 節「～ということに気づく」
- □ make a mistake about O「O を間違える」　□ the date「日付」

寝過ごしたことに気づいた瞬間から，悪い日になるだろうなということはわかっていました。東京からやって来るサチコという友だちを空港まで車で迎えに行く約束をしていました。すぐに空港に向かっても，少なくとも 1 時間は遅れることになります。目覚めてから 10 分後に出ましたが，車のガソリンがあまりなかったので，途中で止まらなければなりませんでした。そしてそのあとは朝の渋滞につかまって動けなくなりました。やっとのことで空港に到着して，サチコを探し始めました。ところが彼女はどこにも見あたりません。すると突然，日付を間違えていたことに気づいたのです。彼女は今日来る予定ではありませんでした。

模範解答例 2

From the moment I found that I had overslept, I knew it was going to be a bad day. If a day **starts** well, everything **goes** smoothly; but if it **starts** badly, the rest of the day **is** usually bad too. Because I **slept** late, I **had** to go without breakfast. I **had missed** my usual train, so I **had** to take the bus. As a result, I **arrived** at the office over two hours late. My boss

> **was** angry, and **told** me never to be late again. I **was** feeling tired and hungry. Then the phone **rang**. It **was** my wife. She **said** my son **had been** accepted by Tokyo University. It **was** not such a bad day after all!
> (102 words)

ここにも注意

If a day **starts** well, everything **goes** smoothly; but if it **starts** badly, the rest of the day **is** usually bad too. の部分は，一般論を述べているので，現在時制で書けばよい。個別的な出来事を述べる場合と区別すること。

☐ **badly**「悪く／ひどく」　　☐ **the rest of O**「Oの残り」　　☐ **sleep late**「寝過ごす」
☐ **go without O**「Oなしで済ます」　　☐ **a boss**「上司」
☐ **be accepted by O**「O（大学など）に合格する」　　☐ **after all**「結局のところ」

> 寝過ごしたことに気づいた瞬間から，悪い日になるだろうなということはわかっていました。一日がうまく始まれば，すべてスムーズに運びます。しかし，始まりがひどいと，たいていその日はずっとひどいのです。寝過ごしたために，朝食は抜かなければなりませんでした。いつもの電車に乗り遅れてしまったので，バスに乗らなければなりませんでした。その結果，会社に着くのが2時間以上遅れました。上司は怒って，二度と遅れないようにと私に言いました。私は疲れていて，空腹でした。すると，電話が鳴りました。妻からでした。妻は息子が東大に合格したと言いました。結局のところ，その日はそれほど悪い日ではありませんでした。

4 道案内など,何らかの案内文を書く

問題1 バスの停留所で郵便局へ行く道を尋ねられたとして,その道順を英語で教えよ。

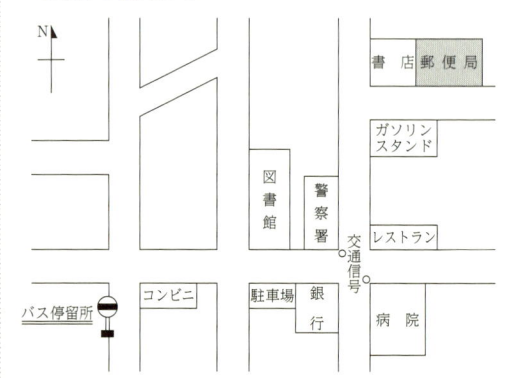

〔大阪女子大〕

模範解答例1

　Walk to the convenience store at the nearest intersection, and **turn right**. Walk two blocks down the road, and you will **come to an intersection** with traffic lights; there is a police station **on the left** and a bank on the right. Turn left there, and **go on until** you see a gas station on your right. Turn right at the gas station, and **you will see** the post office across the street, next to the bookstore. (77 words)

☐ at the nearest intersection「一番近い交差点で」　☐ **turn right**「右に曲がる」
☐ Walk two blocks down the road, and...「その道を2ブロック歩くと,…」
☐ **traffic lights**「信号」　☐ **on the left**「左手に / 左側に」　☐ **go on**「(そのまま)進む」
☐ **a gas station**「ガソリンスタンド」　☐ **across the street**「通りの反対側に」

　一番近い交差点にあるコンビニまで歩いて,右に曲がってください。その道を2ブロック歩いてください。そうすると信号のある交差点に着きます。左手に警察署があり,右手に銀行があります。そこを左に曲がり,右手にガソリンスタンドが見えるまで,そのまま進んでください。ガソリンスタンドを右に曲がってください。そうすれば,通りの反対側に郵便局が見えます。本屋の隣です。

付録　形式別入試問題例 4

模範解答例 2

　　Walk north, and turn right at the first crossroads, by a convenience store. Walk east, past the library, and **turn left** at the second intersection, where you will see a police station, a bank, and a restaurant on the corners. Walk north and **take the first turning to the right**; there is a bookshop **on the corner**, and the post office is next to it. (65 words)

☐ walk north「北へ歩く」　　☐ crossroads「交差点」
☐ past the library「図書館を通り越して」
☐ take the first turning to the right「最初の角を右へ曲がる」

　北へ歩き，最初の交差点の，コンビニのところを右に曲がってください。東に歩き，図書館を通り越して，角に警察署と銀行とレストランが見える2つめの交差点で左に曲がってください。北へ歩いて，最初の角を右へ曲がってください。角に本屋があり，郵便局はその隣です。

問題2　ユタ大学(岐阜大学の姉妹大学)の学生が岐阜を訪れることになった。成田空港から東京駅まではリムジンバスを利用するというので，東京駅からの道案内を予め知らせたい。

・待ち合わせ場所：岐阜市民会館(Gifu Hall)2階会議室。
・待ち合わせ日時：3月1日15時(16時より歓迎レセプション)。
・東京駅から名古屋駅までは新幹線のぞみで約2時間。
・名古屋駅から岐阜駅までは東海道線快速電車(大垣行)で約20分(2つ目の停車)。
・岐阜駅から市民会館まで徒歩の場合で約30分。バス利用の場合は約15分
　(金華橋経由のバスはすべて岐阜市民会館前に停車，小銭210円を用意しておいたほうがよい)。

　下記の地図と一緒に送る手紙の〔　　　〕内(東京駅から岐阜市民会館までの道案内)を完成させなさい。解答は，120語～200語程度の英語で書きなさい。

Dear Ms. Greenberg:

As a member of the Sister School Foreign Student Exchange Program Welcoming Committee, I am writing to say how much we are looking forward to your visit this spring.

To make your arrival as smooth as possible, when you arrive at Narita Airport please take the Limousine Bus to Tokyo Station. Once there please follow the directions below.

[   ]

I hope you have a pleasant trip and look forward to meeting you upon your arrival.

Sincerely yours,

Taro Gifu

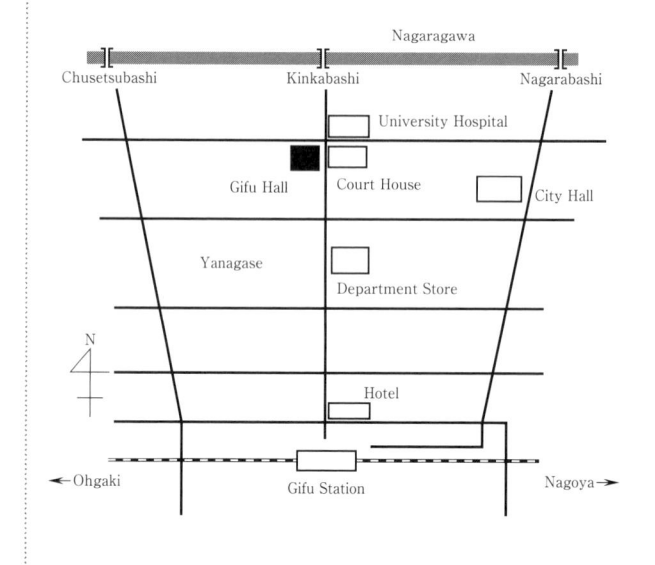

岐阜大・改

- [ ] the Sister School Foreign Student Exchange Program Welcoming Committee「姉妹校外国人学生交換プログラム歓迎委員会」
- [ ] please follow the directions below「以下の指示に従ってください」
- [ ] upon your arrival「あなた方が到着次第すぐに」

> グリーンバーグ様
> 　姉妹校外国人学生交換プログラム歓迎委員会のメンバーとして，この春のご訪問を私たちがいかに心待ちにしているかをお知らせするために，この手紙を書いています。

付録　形式別入試問題例 4

到着をできるだけスムーズにするため，成田空港に着いたら，リムジンバスに乗って東京駅に行ってください。東京駅に到着したら，以下の指示に従ってください。
〔　　　　　　　　　　　　　　　　　　　　　　　　　　　　　　　　　　　〕
旅が楽しいものであることをお祈りいたします。そして，到着次第お会いできることを楽しみにしています。

模範解答例 1

Take a Nozomi super-express from Tokyo Station to Nagoya. This will take about two hours. At Nagoya Station, catch a Tokaido Line train, a limited express **bound for** Ohgaki. You should get off at Gifu, the second stop; it takes roughly 20 minutes to get there.

I am enclosing a map to show you how to get from Gifu Station to Gifu Hall. It's **a thirty-minute walk**. If you have baggage, you may prefer to take a bus; that takes about fifteen minutes. All the buses to Kinkabashi stop outside Gifu Hall. The fare is 210 yen, so you should **have this ready**.

I'll be waiting for you in the Conference Room on the second floor of Gifu Hall at 3 pm on the first of March. The Welcome Party starts at 4 pm. (134 words)

☐ limited express「快速」　☐ **bound for O**「O 行きの」　☐ roughly「だいたい」
☐ enclose O「O を同封する」I am enclosing O / I enclose O / I have enclosed O / I will enclose O「O を同封します[しました]」
☐ **how to get from A to B**「A から B への行き方」　☐ baggage「(旅行者の)荷物」
☐ prefer to V「～するほうを好む」　☐ a fare「(乗り物の)料金 / 運賃」
☐ a conference room「会議室」　☐ a welcome party「歓迎パーティー」

東京駅から名古屋まで新幹線のぞみ号に乗ってください。2 時間ほどかかります。名古屋駅で，東海道線の大垣行き快速に乗ってください。2 つめの駅，岐阜で降りてください。約 20 分かかります。
岐阜駅から岐阜市民会館までの行き方を示すために，地図を一枚同封します。歩くと 30 分かかります。荷物があるなら，バスに乗りたいと思われるでしょう。約 15 分かかります。金華橋行きのバスはすべて岐阜市民会館の前で止まります。料金は 210 円なので，事前に用意しておくとよいでしょう。
私は，3 月 1 日午後 3 時に岐阜市民会館 2 階の会議室でお待ちしています。歓迎レセプションは午後 4 時に開始です。

模範解答例 2

　　At Tokyo Station, get on a Nozomi Shinkansen train **bound for** Nagoya. You'll get to Nagoya about **two hours after** leaving Tokyo. When you reach Nagoya Station, change to the Tokaido Line; take a train for Ohgaki, and in about twenty minutes the train will reach Gifu, the second stop. Get off there. From Gifu Station you can either walk, which takes around half an hour, or catch a bus, which takes around fifteen minutes. As you see from the map, you come out of the North Exit of the station, and **go straight on**, past a hotel on the right, then a department store on the right, until you see Gifu Hall on your left, opposite the Court House. If you come by bus, **make sure** you get a bus to Kinkabashi; then it is sure to stop outside Gifu Hall. In Japan, you pay the bus fare as you get off, so you should **make sure that** you have 210 yen ready. The reception to welcome new students begins at 4 pm (on the first of March). I will meet you at 3 o'clock in the Meeting Room on the second floor of the Hall. (196 words)

□ **get on** O「O(電車・バスなど)に乗る」
□ a Nozomi Shinkansen train bound for Nagoya「名古屋方面行きの新幹線のぞみ号」
□ change to O「Oに乗り換える」　　□ the North Exit of the station「駅の北口」
□ go straight on「まっすぐ進む」
□ past a hotel on the right「右手にあるホテルを通り過ぎて」
□ opposite the Court House「裁判所の向かいに」
□ **make sure (that)** S V「必ず~するようにする」　　□ **a bus fare**「バス料金」
□ the reception to welcome new students「新入生を歓迎するためのレセプション」
□ the Meeting Room「会議室」

　東京駅で，名古屋方面行きの新幹線のぞみ号に乗ってください。東京を出て約 2 時間後に名古屋に着きます。名古屋駅に着いたら，東海道線に乗り換えます。大垣行きの電車に乗ってください。すると約 20 分後に 2 つめの駅である岐阜に着きます。そこで降りてください。岐阜駅からは，約 30 分かかりますが歩くこともできますし，約 15 分かかるバスに乗ってもよいでしょう。地図からおわかりのように，駅の北口から出て，まっすぐ進み，右手にホテルを通り過ぎ，そして右手にデパートを通り過ぎてください。すると，左手に岐阜市民会館が見えます。裁判所の向かいです。もしバスで来るのなら，

金華橋行きのバスに乗るようにしてください。すると，そのバスは必ず岐阜市民会館の前で止まります。日本では，バス料金は降りるときに払いますので，必ず210円を用意しておいたほうがよいです。新入生歓迎レセプションは午後4時(3月1日)から始まります。市民会館の2階にある会議室で3時にお迎えする予定です。

5　自分の経験談を書く，または仮想のテーマについてどう考えるかを述べる

問題1　あなたが次のような立場におかれた場合，英語でどのように言うか。20～30語で書け。

あなたの友人がスピーチコンテストで優勝した。そこで，そのことについてまずお祝いを述べ，次に，祝賀会を他の友人といっしょに開きたいので，日程の都合をたずねる。

滋賀県立大

模範解答例1

I hear you won a speech contest yesterday. **Congratulations!** Some of our friends and I want to have a party to celebrate. When would be a good time for you?（30 words）

☐ win「～で優勝する」　☐ Congratulations!「おめでとう！」
☐ celebrate「祝う／お祝いをする」

> 昨日，スピーチコンテストで優勝したそうですね。おめでとう。僕と友人有志でお祝いのパーティーを開きたいと思います。いつなら都合がよいですか。

模範解答例2

Congratulations on winning the Speech Contest! We all want to have a party **in your honor**. Which day would be convenient, and what time?（24 words）

☐ **Congratulations on V-ing!**「～しておめでとう！」
☐ **in your honor**「あなたのために」
☐ convenient「都合がよい」

> スピーチコンテストでの優勝おめでとう！　私たちみんなで君のためにパーティーを開きたいと思います。何日が都合がよいですか，そして何時がよいですか。

付録 形式別入試問題例 5

> **問題 2** あなたが次のような立場におかれた場合，英語でどのように言うか。20〜30語で書け。
>
> あなたは友人から借りたお金を，今日返すはずであったが，登校の途中で財布を落としてしまった。そこで，今日返せないことを先ず相手に謝り，次に返せない理由を述べ，明日は必ず返すことを約束する。
>
> 滋賀県立大

模範解答例 1

I'm very sorry, but I can't pay back the money I owe you, because I lost my wallet **on the way to school**. But I will definitely pay you tomorrow. (30 words)

- **pay back O / pay O back**「O（借りているお金）を返す / 返金する」
- the money I owe you「君に借りているお金」　□ a wallet「財布」
- **on the way to school**「登校の途中で」　□ definitely「確かに / 絶対に」

> ほんとにすまないと思うんだけど，君に借りているお金が返せないんだ。というのは，登校の途中で財布をなくしてしまったんだよ。でも，明日は絶対に返すからね。

模範解答例 2

I dropped my purse somewhere coming to school this morning, so **I'm afraid** I can't return the money you lent me. But I'll pay you back tomorrow, I promise. (29 words)

- a purse「（主に女性用の）財布」
- coming to school this morning「けさ学校に来るときに」
- return the money you lent me「あなたが貸してくれたお金を返す」

> けさ学校に来るときにどこかで財布を落としちゃったの。それで，悪いけど，あなたが貸してくれたお金を返すことができないの。でも，明日は返すからね，約束するわ。

49

問題3 Write at least 100 words of English about this.

How would you feel if you had another person's organ inside you as a result of an organ transplant?　　　　　　　　　　　　　　　　一橋大

模範解答例 1

　　I would feel very grateful to the person who had given me one of his organs. Most people who receive organ transplants are facing death as some part of their body fails. **So** it is likely that without the new organ, I would have died; **in other words**, I would owe my life to the organ donor. **At the same time**, I would feel sad, and perhaps guilty, **because** I would know that I was alive **only because** someone else had died. **But** I would be determined to make the best of the extra life I had been given. And I would carry a donor card **in case** my organs could help someone else. (114 words)

- □ feel grateful to O「O（人）に感謝する」　□ an organ「臓器／器官」
- □ an organ transplant「臓器移植」　□ face O「Oに直面する」
- □ fail「機能しなくなる」　□ it is likely that S V「たぶんSが〜するだろう」
- □ **in other words**「言い換えれば／すなわち」　□ owe A to B「AはBのおかげである」
- □ an organ donor「臓器提供者」　□ **at the same time**「ところが同時に」
- □ perhaps「ひょっとすると（〜かもしれない）」　□ guilty「罪の意識を持った」
- □ **be determined to V**「断固として〜する」　□ make the best of O「Oを最大限に活用する」
- □ the extra life I had been given「私がいただいた余生」
- □ a donor card「臓器提供者カード」　□ **in case S V**「〜する場合に備えて」

　私なら臓器をくださった人に深く感謝の気持ちを抱くでしょう。臓器移植を受けるほとんどの人は、自分の身体の一部が機能しなくなっているので死に直面しています。ですから、たぶんその新しい臓器がなかったら、私も死んでいるのです。言い換えれば、私が生きているのは臓器提供者のおかげなのです。ところが同時に、私は悲しみを感じ、ひょっとすると罪の意識も感じるでしょう。というのは、誰か他の人が死んだからこそ自分が生きているということがわかるからです。しかし、私は断固として自分に与えられた余生を最大限に生きようとするでしょう。そして、私の臓器が誰か他の人の力になることができる場合に備えて、私は臓器提供者カードを携えているでしょう。

模範解答例 2

　　I don't know how I would feel when I realized that I had part of someone else's body inside me. Perhaps I would wonder whether I had also received some part of the other person's character or outlook. If another person's brain was transplanted into me, I would surely have that person's memories and ideas. Brain transplants aren't yet possible, **but** perhaps something similar could happen with other parts of the body. **For example**, if I had received the liver of someone who drank a lot of wine, perhaps I **too** would suddenly want to drink wine. Or if I received an eye from an artist, perhaps I would see the world in a more artistic way. (117 words)

- **wonder whether 節**「〜かどうかと思う」　□ a character「性格」
- an outlook「考え方」　□ a brain「脳」
- **transplant A into B**「A を B に移植する」　□ surely「必ず / 確実に」
- a memory「記憶」　□ an idea「考え」　□ not yet 〜「まだ〜でない」
- similar「よく似た / 類似の」　□ **for example**「たとえば」
- a liver「肝臓」　□ artistic「芸術的な」

　誰か他の人の身体の一部を自分の中に持っているのだと気づいたときに自分がどのように感じるのかはわかりません。ひょっとすると，自分がその人の性格や考え方の一部も受け取ってしまったのではと思うかもしれません。もし誰か他の人の脳を移植してもらったら，私はきっとその人の記憶や発想を持つようになるでしょう。脳の移植はまだ不可能ですが，ひょっとするとよく似たようなことが身体の他の部分でも起き得るのです。たとえば，ワインをよく飲んだ人の肝臓をもらうと，ひょっとすると，私も突然ワインが飲みたくなるでしょう。また，芸術家の目をもらったら，ひょっとすると，もっと芸術的に世界を見るようになるかもしれません。

問題 4　Write an essay in English from 100 to 120 words describing a scenic spot or area (for example: garden, park, mountain, river, lake, island, seashore, etc.) that has made a strong impression on you. The place should be familiar to you personally and does not need to be well-known or famous. Briefly mention the name and location of the place. Write then in more detail about what you can see and experience when you visit this area.

九州大

- describe O「O を言葉で説明する / 描写する」
- a scenic spot「景色のよい場所 / 景勝地」
- make a strong impression on O「O に強烈な印象を与える」
- be familiar to O「O にとって馴染みがある」
- briefly「手短に / 簡潔に」　　mention O「O について述べる」
- in more detail「より詳しく」

> 強烈な印象を受けた景色のよい場所や地区 (例：庭園，公園，山，川，湖，島，海岸など) を説明する文章を 100 語から 120 語の英語で書きなさい。その場所は自分が個人的によく知っているところであればよく，世の中でよく知られていたり有名であったりする必要はありません。その場所の名前と所在地を簡潔に述べ，その後で，その場所を訪れるときに見たり経験したりできることについてより詳しく書きなさい。

模範解答例 1

　　Yakushima, a small island **south of** Kyushu, made a strong impression on me. You can **get there** by ship from Kagoshima. The western side of the island is covered in forests, and sometimes you can see monkeys. Not many people live there. The southern coast is **a good place for** swimming and diving; there are a lot of brightly-colored fish in the sea there. In the middle of the island there are mountains, and in the highest part there is a park. It has some of the oldest trees in the world.

　　I like Yakushima **because** it is peaceful and beautiful, and the noisy world of traffic and work seems far away. (112 words)

- [ ] a small island south of Kyushu「九州南方の小さな島」
- [ ] get there by ship「船でそこまで行く」　- [ ] **be covered in O**「Oで覆われている」
- [ ] a coast「海岸」　- [ ] brightly-colored fish「明るい色の魚」
- [ ] **in the middle of O**「Oの真ん中に」　- [ ] in the highest part「最も高いところに」
- [ ] peaceful「穏やかな」
- [ ] the noisy world of traffic and work seems far away「車と仕事で騒々しい世界が遠いものに思える」

> 　屋久島は，九州南方の小さな島ですが，私に強烈な印象を与えました。屋久島へは鹿児島から船で行くことができます。島の西側は森林で覆われ，ときにはサルの姿を目にすることもあります。あまりたくさんの人は住んでいません。南の海岸は水泳やダイビングをするのによい場所です。そこの海には明るい色の魚がたくさんいます。島の中央には山があり，最も高いところには公園があります。そこには世界で最も古い木の一部があります。
>
> 　私が屋久島を好きなのは，穏やかで美しいからであり，車と仕事で騒々しい世界が遠いものに思えます。

模範解答例 2

> 　　I enjoy visiting Yabakei in Kyushu. I have always liked **going up into the mountains**, **regardless of** the season, **but** I usually visit Yabakei in the fall; it is especially impressive then, **because of** the beautiful colors of the leaves. It is pleasant to drive through. There are trees everywhere, and the road goes alongside a river, which is full of very large rocks. I am always struck by the beauty of the scenery. Most people have heard of Yabakei, **because** it appears in a well-known story. **But** so far tourism hasn't spoiled the beauty of the area. I hope that **in the future** it will remain as beautiful as it is today. (113 words)

- [ ] enjoy V-ing「～するのを楽しむ」　- [ ] going up into the mountains「山に登ること」
- [ ] **regardless of O**「Oに関係なく」　- [ ] especially impressive「特に印象的な」
- [ ] because of the beautiful colors of the leaves「木の葉の美しい色どりのせいで」
- [ ] It is pleasant to drive through.「そこ(＝耶馬渓)は車で通ると気持ちがよい」
- [ ] alongside O「Oに沿って」　- [ ] **be full of O**「Oでいっぱいである」
- [ ] be struck by O「Oに心を打たれる」　- [ ] the beauty of the scenery「景色の美しさ」

- □ hear of O「O のことを耳にする」
- □ appear in a well-known story「有名な話に出てくる」
- □ tourism「観光事業」　□ spoil O「O を台無しにする」　□ remain ~「~のままである」
- □ as beautiful as it is today「今と同じくらい美しい」

> 九州の耶馬渓を訪れるのが好きです。季節に関係なく山を登ることがこれまでずっと好きなのですが，耶馬渓はたいてい秋に訪れます。木の葉の美しい色どりのおかげで，秋は特に印象的だからです。耶馬渓は車で通ると気持ちがよいです。至る所に木があり，道は川に沿って進み，その川はとても大きな岩でいっぱいです。私はいつもその景色の美しさに心を打たれます。有名な話に出てくるので，たいていの人が耶馬渓のことを耳にしたことがあります。しかし，今のところ観光事業はこの地区の美しさを台無しにしてはいません。将来も今と同じように美しいままであってほしいと願っています。

問題 5　英文を "If I were a bird," で始めることによって，あなたの生活や生き方の変化，現在の希望や理想，身近な日常の物事に関する観察，あるいはその他のテーマを含むパラグラフを 60~70 語以内で自由に書け。末尾に使用語数を明記すること。

〈大阪大・改〉

模範解答例 1

If I were a bird, the good and bad things in life **would** be very different. Most of my present worries (**for example**, about money, housing, **and so on**) would disappear, so life would be much easier. **On the other hand**, I would have to worry about surviving the winter, finding enough food, and making sure that I was not caught by cats or other dangerous animals. (67 words)

- □ the good and bad things in life would be very different「生活の中のよい点も悪い点もとても違ったものになるだろう」
- □ most of my present worries「私が現在抱えている悩みのほとんど」
- □ **and so on**「など」　□ disappear「消える」
- □ life would be much easier「生活がはるかに楽になるだろう」
- □ survive the winter「冬を生き延びる」
- □ **make sure that** I was not caught by cats or other dangerous animals「猫やその他の危険な動物に確実に捕まらないようにする」

付録　形式別入試問題例 5

- [ ] a small island south of Kyushu「九州南方の小さな島」
- [ ] get there by ship「船でそこまで行く」　- [ ] **be covered in O**「O で覆われている」
- [ ] a coast「海岸」　- [ ] brightly-colored fish「明るい色の魚」
- [ ] **in the middle of O**「O の真ん中に」　- [ ] in the highest part「最も高いところに」
- [ ] peaceful「穏やかな」
- [ ] the noisy world of traffic and work seems far away「車と仕事で騒々しい世界が遠いものに思える」

> 　屋久島は，九州南方の小さな島ですが，私に強烈な印象を与えました。屋久島へは鹿児島から船で行くことができます。島の西側は森林で覆われ，ときにはサルの姿を目にすることもあります。あまりたくさんの人は住んでいません。南の海岸は水泳やダイビングをするのによい場所です。そこの海には明るい色の魚がたくさんいます。島の中央には山があり，最も高いところには公園があります。そこには世界で最も古い木の一部があります。
>
> 　私が屋久島を好きなのは，穏やかで美しいからであり，車と仕事で騒々しい世界が遠いものに思えます。

模範解答例 2

　　　I enjoy visiting Yabakei in Kyushu. I have always liked **going up into** the mountains, **regardless of** the season, **but** I usually visit Yabakei in the fall; it is especially impressive then, **because of** the beautiful colors of the leaves. It is pleasant to drive through. There are trees everywhere, and the road goes alongside a river, which is full of very large rocks. I am always struck by the beauty of the scenery. Most people have heard of Yabakei, **because** it appears in a well-known story. **But** so far tourism hasn't spoiled the beauty of the area. I hope that **in the future** it will remain as beautiful as it is today.（113 words）

- [ ] enjoy V-ing「～するのを楽しむ」　- [ ] going up into the mountains「山に登ること」
- [ ] **regardless of O**「O に関係なく」　- [ ] especially impressive「特に印象的な」
- [ ] because of the beautiful colors of the leaves「木の葉の美しい色どりのせいで」
- [ ] It is pleasant to drive through.「そこ（＝耶馬渓）は車で通ると気持ちがよい」
- [ ] alongside O「O に沿って」　- [ ] **be full of O**「O でいっぱいである」
- [ ] be struck by O「O に心を打たれる」　- [ ] the beauty of the scenery「景色の美しさ」

53

- □ hear of O「O のことを耳にする」
- □ appear in a well-known story「有名な話に出てくる」
- □ tourism「観光事業」　□ spoil O「O を台無しにする」　□ remain ~「~のままである」
- □ as beautiful as it is today「今と同じくらい美しい」

> 九州の耶馬溪を訪れるのが好きです。季節に関係なく山を登ることがこれまでずっと好きなのですが，耶馬溪はたいてい秋に訪れます。木の葉の美しい色どりのおかげで，秋は特に印象的だからです。耶馬溪は車で通ると気持ちがよいです。至る所に木があり，道は川に沿って進み，その川はとても大きな岩でいっぱいです。私はいつもその景色の美しさに心を打たれます。有名な話に出てくるので，たいていの人が耶馬溪のことを耳にしたことがあります。しかし，今のところ観光事業はこの地区の美しさを台無しにしてはいません。将来も今と同じように美しいままであってほしいと願っています。

問題 5　英文を "If I were a bird," で始めることによって，あなたの生活や生き方の変化，現在の希望や理想，身近な日常の物事に関する観察，あるいはその他のテーマを含むパラグラフを 60～70 語以内で自由に書け。末尾に使用語数を明記すること。
　　　　　　　　　　　　　　　　　　　　　　　　　　　　　大阪大・改

模範解答例 1

　　If I were a bird, the good and bad things in life **would** be very different. Most of my present worries (**for example**, about money, housing, **and so on**) would disappear, so life would be much easier. **On the other hand**, I would have to worry about surviving the winter, finding enough food, and making sure that I was not caught by cats or other dangerous animals. (67 words)

- □ the good and bad things in life would be very different「生活の中のよい点も悪い点もとても違ったものになるだろう」
- □ most of my present worries「私が現在抱えている悩みのほとんど」
- □ **and so on**「など」　□ disappear「消える」
- □ life would be much easier「生活がはるかに楽になるだろう」
- □ survive the winter「冬を生き延びる」
- □ **make sure that** I was not caught by cats or other dangerous animals「猫やその他の危険な動物に確実に捕まらないようにする」

付録　形式別入試問題例 5

> 　私が鳥だったら，生活の中のよい点も悪い点もとても違ったものになるでしょう。現在抱えている悩みのほとんど（たとえば，お金のこと，家のことなど）は消えることでしょう。そして生活がはるかに楽になるでしょう。ところが一方では，冬を生き延びること，十分な食べ物を見つけること，猫やその他の危険な動物に確実に捕まらないようにすることを心配しなければならないでしょう。

模範解答例 2

> 　*If I were a bird*, I **would** know how to fly, and would no longer have to stay on the ground. I would be able to travel freely, and live in the beautiful countryside. I would be able to observe things from the air, and would have a completely different view of the world. **Of course**, flying long distances every spring and autumn would be tiring. （66 words）

☐ how to fly「飛び方」　　☐ no longer have to V「もはや〜する必要はない」
☐ stay on the ground「地上にいる」　　☐ **travel freely**「自由に移動する」
☐ in the beautiful countryside「美しい田舎に」
☐ observe things from the air「空中から物事を観察する」
☐ a completely different view of the world「世の中のまったく違った見方」
☐ fly long distances「長い距離を飛ぶ」　　☐ **tiring**「骨の折れる」

> 　私が鳥だったら，飛び方を知っているでしょうし，もはや地上にいる必要がなくなるでしょう。自由に移動することができ，美しい田舎に住むことができるでしょう。空中から物事を観察することができ，世の中のまったく違った見方を身につけるようになるでしょう。もちろん，毎年春と秋に長い距離を飛ぶことは骨の折れることでしょうけれど。

6　語句や事象の説明をする

> **問題1**　「修学旅行」というものを外国人にわかるように100語程度の英語で説明しなさい。
>
> 弘前大

模範解答例1

　　In many cases, "shugaku ryoko" is a trip of about three days made by final-year students at elementary school, junior high school and senior high school. **Officially**, the trip is part of their studies; the students travel in a group to a place that they have already studied in the classroom. **But** students feel it is a chance to relax, free from the strict discipline of school. The end of term is not far away. Some classmates will go on to different schools, **so** it is their last chance to be together as students. **For these reasons**, a school trip may have the same sort of atmosphere as a party. (110 words)

- □ a trip of about three days made by O「Oによる約3日の旅行」
- □ final-year students「最終学年の生徒」　　□ **officially**「表向きは／公式的には」
- □ part of their studies「学習の一環」　　□ travel in a group to O「Oに集団で旅行する」
- □ a place that they have already studied in the classroom「既に教室で学習した場所」
- □ a chance to relax「くつろぐチャンス」
- □ **free from** the strict discipline of school「学校の厳しい規律から解放されて」
- □ The end of term is not far away.「遠からず学期も終わる」
- □ **go on to O**「Oに進学する」　　□ the same sort of A as B「Bと同じ種類のA」
- □ an atmosphere「雰囲気」

> 　多くの場合、「修学旅行」は、小学校、中学校、高校の最終学年の生徒による約3日の旅行です。表向きは、この旅行は学習の一環です。教室ですでに学習した場所に生徒が集団で旅行するのです。しかし、生徒は、学校の厳しい規律から解放されてくつろぐチャンスだと思っています。遠からず卒業します。同級生の一部は違う学校に進学していくので、彼らが生徒として一緒にいられる最後のチャンスなのです。これらの理由から、修学旅行はパーティーと同じような雰囲気を持っていることがあります。

模範解答例 2

"Shugaku ryoko" is Japanese for "school trip". Here in Japan, all school students make these trips three times: in their last year at elementary school, their second year at junior high school and their second year at senior high school. Each trip lasts between two and four days, and is intended to allow students to see one of the famous places that they have learned about in school. **As well as** this educational purpose, school trips are an opportunity for the students to enjoy themselves. They have a chance to spend several days and nights with their classmates, and they usually have fun. (103 words)

- ☐ Japanese for "school trip"「school trip を表す日本語」　☐ **make a trip**「旅行する」
- ☐ last between two and four days「2日から4日続く」
- ☐ be intended to V「〜することが目的である」
- ☐ **allow O to V**「O が〜できるようにする」　☐ **as well as O**「O に加えて」
- ☐ an opportunity for O to V「O が〜するチャンス」　☐ **enjoy *oneself***「楽しむ」
- ☐ **have fun**「楽しむ」

「修学旅行」は，school trip を表す日本語です。ここ日本では，学校に通う生徒はみんな，小学校の最終学年，中学校の2年生，そして高校の2年生に3回このような旅行をします。どの旅行も2日から4日続き，生徒が学校で学習した有名な場所の一つを見ることができるようにするのが目的です。この教育的目的に加えて，修学旅行は学生が楽しいときを過ごす機会でもあります。同級生と数日間夜も昼も一緒に過ごす機会ですので，たいていは楽しく過ごします。

問題2 これまで一度も日本を訪れたことがないイギリスの友人から手紙が届き，来年の正月に5日間，日本を訪問したいと言ってきたと想定します。その友人に日本の正月がどんなものであるか説明する内容の手紙を，下の様式にしたがって，200～250語の英文で書きなさい。その中には，あなたがその友人と一緒にやってみたいと思うことや，来日の準備に役立つようなアドバイスを含めてかまいません。なお，相手の名前のところにはWilliamかMaryのうち，いずれかを選んで記入し，差出人名のところには自分の名前を記入しなさい。ただし，これらの名前は語数には加えません。

November 1, 2013

Dear　(相手の名前)　,

(本文)

Sincerely yours,
　(自分の名前)

東京外国語大

模範解答例1

Dear Mary,

　I'm glad to hear that you will be visiting Japan for 5 days over New Year. This will be your first visit to Japan, so you might like to hear how people spend New Year over here.

　It's quite a long holiday, from around December 27th to about January 7th. The last day of the year is called 'Oomisoka'. Soon after midnight, some people go to a nearby shrine, to offer special New Year prayers. During the first three days of New Year, people eat special traditional food such as rice cakes, and spend much of the time sleeping. There is a custom of giving children 'otoshidama', a New Year gift of money.

Don't worry if this sounds dull; I'll take you around Tokyo, which will be almost empty **except for** the shopping districts. After relaxing at our house for a few days, I thought you might like to take a short trip, **so** I'm planning to book tickets for us to travel to an 'onsen', or hot spring spa, in the mountains. There we can try the local food and see the beautiful scenery. You **need to** bring some warm clothes, because it can get very cold up there in the mountains.

Please **let me know if** these plans sound good. And don't forget to let me know when your plane is due, **so that** I can come and pick you up at the airport.

Yours sincerely,
Takeo

(236 words)

- [ ] a shrine「神社」　　　　　　　[ ] a prayer「お祈り」
- [ ] rice cakes「餅」　　　　　　　[ ] dull「退屈な」
- [ ] shopping districts「商店街」　　[ ] book O「O を予約する」
- [ ] a hot spring spa「温泉」　　　　[ ] beautiful scenery「きれいな景色」
- [ ] **be due**「到着予定である」

正月に5日間，日本を訪ねる予定であると聞いて嬉しいです。日本に来るのはこれが初めてでしょうから，日本では正月をどう過ごすのか聞きたいのではないかと思います。

正月は非常に長い休暇であり，12月27日頃から1月7日頃までです。1年の最後の日は「大晦日」と呼ばれています。真夜中が過ぎたらすぐに，新年の特別なお祈りをするために近くの神社に行く人たちもいます。新年の最初の3日の間に餅などの特別な伝統的食べ物を食べ，時間の多くを寝て過ごします。子どもたちに「お年玉」，つまり，新年のお金の贈り物をあげる習慣があります。

これがもし退屈に聞こえるならば，心配しないで。東京を案内してあげます。商店街を除けば東京の町はほとんど空っぽでしょう。家で数日間くつろいだ後，ちょっと旅行をしたくなるかもしれないと思いました。そこで，山の「温泉」に旅行するために切符を予約するつもりです。そこでは，地元の食べ物を試し，美しい景色を見ることができます。暖かい服を持っていく必要があります。山の上のほうは非常に寒くなることがあるからです。

これらの計画が申し分がないと思いましたら知らせてください。それと，空港にあなたを車で拾いに行けるように，飛行機の到着時間を忘れずに知らせてください。

模範解答例 2

Dear William,

　　Thank you for your letter. I was delighted when I heard that you're coming to Japan at New Year. Five days is not very long, **but** I'm sure you'll enjoy it. You probably don't know much about Japanese New Year customs, **so** let me mention a few.

　　The first three days of the year are holidays, **but** most people take at least a week off work. It is customary to spend the holiday with one's family, **so** a lot of people travel back to their home towns, **and** the trains are very crowded.

　　People don't do much over the holiday. They spend most of the time relaxing, watching TV, or sleeping. **But** very early on New Year's Day, some people go to shrines to pray. Special food is eaten over the New Year holiday, including various 'osechi' dishes, and 'omochi', a kind of sweet cake made from rice. **Actually**, I don't particularly like the New Year food, **but** it is part of a traditional Japanese New Year. Parents give their children a present of money, which the children often spend when the shops open after New Year.

　　Because traveling is difficult during the holiday period, I suggest that we just go sightseeing in this area. If there's anything that you especially want to see, let me know, and I'll try to make arrangements.

Yours sincerely,
Takeo
(223 words)

- [ ] be delighted「喜ぶ」　　[ ] **take a week off work**「1週間仕事を休む」
- [ ] customary「しきたりの」　[ ] on New Year's Day「元旦に」
- [ ] pray「祈る」　　[ ] **go sightseeing**「観光に行く」
- [ ] make arrangements「段取りをする」

お手紙ありがとう。正月に日本に来る予定であると聞いて嬉しかったです。5日間はあまり長くないですが、きっと楽しめると思います。日本の正月の習慣については恐らくあまり知らないでしょうから、少し述べさせてください。

　1年の最初の3日は休みですが、たいていの人は少なくとも1週間仕事を休みます。休みは家族と一緒に過ごすのが習慣なので、田舎に帰る人たちが多くいます。それで電車は非常に混みます。

　休暇の間あまり多くのことはしません。時間のほとんどをくつろいだり、テレビを見たり、寝たりして過ごします。しかし、元旦早々に神社にお祈りに行く人たちもいます。正月の間は、さまざまな「おせち」料理と、米から作った一種の甘いケーキである「お餅」を含めた特別な料理を食べます。実は、私は正月の食べ物が特に好きだというわけではありませんが、それは伝統的な日本の正月の一部なのです。親は、子どもにお金をあげます。子どもは新年が過ぎて店が開くとこのお金を使うことがよくあります。

　正月の期間中は旅行が難しいので、近所の観光をするだけにしておくほうがよいと思います。特に見たいものがあるならば、知らせてください。段取りをしてみます。

7 自分の好きな町,感動した本,好きなテレビ番組,やりたいこと,伸ばしたい技能などについて述べる

> **問題1** 大学に入学してから,あなたは英語の4技能(Reading, Writing, Listening, Speaking)のうち,特にどの技能の向上を目指したいですか。その理由も含めてあなたの考えを150〜200語程度の英文で述べなさい。
> 〈山形大〉

Reading の技能を向上させたい場合の解答例を2つ挙げることにする。

模範解答例1

　　I would like to be able to read English much better than I can now. **One reason is that** I am not very good at reading English, **although** I have been studying it at school for six years. I have a feeling that I have somehow wasted those six years, **so** I want to make up for lost time and improve my reading skills.

　　Another reason is that I would like to read American literature, old and new, in English, rather than through Japanese translations. I like novels by American authors, **but** so far I have only been able to read them in translation.

　　A third reason is that I use the Internet a lot, and I could make better use of it if I could read English faster and better. English is the official language of the Internet, and people who can't read it well will never be truly skillful Internet users. **For the reasons above**, I hope that in college I will learn how to read English better.　　(170 words)

- □ **be good at V-ing**「〜するのが得意である」
- □ **have a feeling that** 節「〜のような気がする」　□ somehow「何となく」
- □ **make up for O**「O の埋め合わせをする」　□ lost time「むだにした時間」
- □ **improve O**「O を改善する / O をよりよくする」　□ a reading skill「読書技術」
- □ American literature「アメリカ文学」American literature, old and new「古いアメリカ文学も新しいアメリカ文学も」
- □ through Japanese translations「日本語の翻訳で」　□ an author「著者」
- □ **so far**「今までのところ」　□ in translation「翻訳(されたもの)で」

□ **make better use of O**「O をもっとよく活用する」　□ **official**「公用の」
□ **skillful**「熟練した」

> 今よりもはるかに英語が読めるようになりたいです。理由の1つは，6年間学校で英語を勉強してきたけれども英語を読むのがあまり得意でないからです。何となくこの6年間を無駄にしてきたような気がします。ですから，無駄にした時間を取り戻し，読む技術を上達させたいと思います。
>
> もう1つの理由は，翻訳でではなく，新しいものも古いものも含めてアメリカ文学を英語で読みたいからです。アメリカ人の著者による小説が好きですが，今までのところ，そういった本は翻訳でしか読めません。
>
> 三番目の理由は，インターネットを頻繁に使うのですが，英語をもっと速くもっとよく読めるならば，インターネットをもっとうまく利用できるようになるからです。英語はインターネットの公用語なので，英語をよく読めない人は決して真のインターネットの達人にはなれないでしょう。上のような理由で，大学では英語をもっとよく読める方法を学びたいと思います。

模範解答例 2

　　I **would like to** improve my ability to read English. For people who intend to study abroad, listening skills are very important; they need to be able to understand what their friends and their teachers are saying. **And** speaking is **also** important, **because** they have to express their own ideas. **But** I don't intend to study abroad. I want to major in engineering at a university here in Japan, and then work here as an engineer. **So** it isn't really important for me to be good at speaking English, and it doesn't matter whether I am good at understanding spoken English. **But** all over the world, English is now used as the language of science, and it is essential for scientists to be able to read and understand scientific books and magazines in English. **Of course**, if I eventually write books or articles myself, I will need to be good at writing English **as well**. For the moment, **however**, reading is the most important of the four skills for me.
(170 words)

□ **intend to V**「～するつもりである」　□ **study abroad**「留学する」
□ **listening skills**「聞く技能」　□ **express one's own ideas**「自分の考えを述べる」

- ☐ **major in O**「O を専攻する」　☐ engineering「工学」
- ☐ **It doesn't matter whether 〜**「〜かどうかは問題ではない」
- ☐ understand spoken English「話される英語を理解する」
- ☐ the language of science「科学で用いる言語」
- ☐ **It is essential for O to V**「O が〜することは不可欠である」
- ☐ scientific books and magazines「科学を扱っている本と雑誌」
- ☐ eventually「いつかは」　☐ an article「論文」
- ☐ as well「〜もまた」　☐ **for the moment**「さしあたり／当座は」

> 　英語を読む能力を向上させたいです。留学するつもりの人たちにとっては，聞く技術が非常に大事です。そういう人たちは，友だちや教師が言っていることを理解できるようにする必要があります。また，話すことも重要です。自分自身の考えを表現しなくてはならないからです。しかし，私は留学するつもりはありません。ここ日本の大学で工学を専攻し，それから日本で技師として働きたいと思っています。ですから，英語をうまく話せることは私にはあまり重要ではありませんし，話される英語を理解するのが得意かどうかは問題ではないのです。しかし，世界中で英語は今や科学の言語として使われているので，科学者にとって英語で書かれた科学に関する本や雑誌を理解できることは不可欠です。もちろん，いつか自分で本や論文を書くならば，英語を書くことも得意である必要があるでしょう。しかし，目下のところ，私にとっては読むことが4つの技能のうちで最も重要です。

問題 2　Choose one of the three topics below and write an essay in about 150 English words.

(a) Write about the town or city you like best. The town may be your birth place or a sightseeing spot you have visited.

(b) Write about the book that has most strongly impressed you. The book may be fiction or nonfiction.

(c) Write about the TV or radio program you like best. The program may still be on or have already finished.

〈静岡大〉

(a)を選んだ場合の解答例を2つ挙げることにする。

模範解答例 1

I think my favorite city is San Francisco, in California, on the west coast of America. I have only been there once, **but** I stayed there for ten days, and I thought it was a very nice city, with a relaxed and friendly atmosphere.

First, the location is very beautiful. It is built on a number of hills, so you can get good views over the city and the surrounding area. You can see the bay and the Golden Gate Bridge. And a short drive will take you to the Pacific Ocean.

Next, the climate is pleasant almost all year round. In winter it hardly ever gets really cold, and in summer it gets hot, but not unbearably hot.

Even if you have never visited San Francisco, you have probably often seen it in movies. **I am sure** you will agree that it is one of the most pleasant cities in the world. (153 words)

- **my favorite 〜**「私の一番好きな〜」
- **on the west coast of America**「アメリカの西海岸にある」　　□ **relaxed**「くつろいだ」
- **friendly**「友好的な」　　□ **a location**「場所」
- **get good views over O**「O をよく見渡せる」　　□ **the surrounding area**「周りの地域」
- **bay**「湾」　　□ **the Pacific Ocean**「太平洋」
- **all year round**「一年中」　　□ **unbearably**「耐え難いほど」

　私が一番好きな都市は、アメリカ西海岸沿いの、カリフォルニア州のサンフランシスコであると思います。そこには一度しか行ったことがありませんが、10日間そこに滞在し、くつろいだ友好的な雰囲気の非常にすばらしい都市であると思いました。
　まず第一に、非常に美しい場所にその都市はあります。多くの丘の上に立っているので、都市と周辺地域をよく見渡せます。湾とゴールデンゲートブリッジを見ることができます。また、車で少し行けば太平洋に出られます。
　次に、気候はほとんど一年中快適です。冬に本当に寒くなることはめったにありませんし、夏は暑くなりますが、耐え難いほど暑くはありません。
　サンフランシスコを一度も訪れたことがないとしても映画でよく見たことは恐らくあるでしょう。この都市が世界で最もすばらしい都市の一つであるということにきっと賛成してもらえると思います。

模範解答例 2

The city I like best is Fukuoka. I am very interested in movies, **but** I live in a small town, and only the most popular movies are shown there. Luckily, Fukuoka is not far away; there are a lot of cinemas there, and one can see less well-known films too. It offers a lot of choice. There are a few nice museums there, too.

Fukuoka is **also** a good place to go shopping, **because** there are so many large shops and department stores. **For example**, if you want to buy computer goods, there are several large buildings full of shops that sell nothing but computers and related things.

There are a lot of good restaurants and eating places, **too**. Fukuoka is famous for food. The fish there is very fresh.

I always have a nice day out when I go to Fukuoka; I never feel bored.
(146 words)

- be not far away「遠くない」
- a cinema「映画館」
- **go shopping**「買い物に行く」
- computer goods「コンピュータ関連製品」
- **nothing but O**「Oだけ」
- related things「関連製品」
- an eating place「食事場所」
- **feel bored**「退屈する」

私が一番好きな都市は福岡です。私は映画にとても興味がありますが，小さな町に住んでいるので，一番人気のある映画しか上映されません。幸運にも福岡は遠くありません。福岡には映画館がたくさんあるので，それほど有名でない映画も見ることができます。いろいろな映画の中から選べます。福岡にはすばらしい博物館もいくつかあります。

福岡はまた買い物をするのによい場所です。大きな店とデパートが非常にたくさんあります。たとえば，コンピュータ関係の製品を買いたければ，コンピュータと関連製品だけが売られている店でいっぱいの大きな建物がいくつかあります。

すてきなレストランと食事場所も数多くあります。福岡は食べ物で有名です。福岡の魚は非常に新鮮です。

福岡に行くといつでも一日楽しく過ごせます。退屈することは決してありません。

8　与えられた語句を用いて書く

> **問題1**　次の3つの語句をすべて使って50語〜60語（句読点は含まない）の範囲で自分の考えを英語で述べよ。語句の大文字の区別，品詞の選択，使われる順序はすべて自由とする。最後に語数を明記せよ。
>
> the 21st century　　　hope　　　Japan
>
> 大阪市立大

下線部のついている語が与えられた語である。

模範解答例1

　　During the 20th century, there were terrible wars. Now, at the beginning of the 21st century, there is real hope that the world may have a long period of peace. I believe that Japan, as a neutral country, should play a major role in helping to achieve world peace, perhaps through organizations like the United Nations.　(56 words)

□ terrible「恐ろしい」　　□ a long period of peace「長期間の平和」
□ a neutral country「中立国」
□ **play a major role in V-ing**「〜することに大きな役割を果たす」
□ achieve world peace「世界平和を達成する」　　□ an organization「機関」
□ **the United Nations**「国際連合」

> 20世紀の間には恐ろしい戦争があった。21世紀初頭の今，世界が長期に渡って平和を享受して欲しいと心から望まれている。日本は中立国として，場合によっては国連などの機関を通して，世界平和を達成する一助となれるように大きな役割を果たすべきであると思う。

模範解答例2

　　I think that the 21st century will be a time of environmental problems. There have already been disasters in various parts of the world because of pollution. If we continue to use fossil fuels, global warming will get worse. I hope that Japan will save energy and protect the environment, but I am afraid that this is unlikely.　(58 words)

67

- □ an environmental problem「環境問題」　□ a disaster「惨事／災難」
- □ pollution「公害／汚染」　□ fossil fuels「化石燃料」
- □ global warming「地球温暖化」　□ protect the environment「環境を守る」

> 21世紀は環境問題の時代となると思う。公害のために世界のさまざまな地域ですでに災難が起こっている。化石燃料を使い続ければ，地球の温暖化は悪化するであろう。日本がエネルギーを節約し，環境を守ることを望むが，残念ながらその可能性は低い。

問題2　20語から30語までの長さで，日本の「花見」を外国人に説明する英文を書きなさい。与えられた語をかならず全部用い，それらの語には下線を引きなさい。ただし，語句はどの順序で使っても，そして語形を変化させてもかまいません。

| blossom | cherry | drink | eat |
| sing | spring | view | |

都留文科大

模範解答例1

　　Traditionally, in spring Japanese sit under cherry trees to enjoy their beauty. But nowadays people seem more interested in eating and singing drunken songs than in the view of blossom. (30 words)

- □ traditionally「伝統的に」　□ **enjoy their beauty**「その美しさを満喫する」
- □ sing a drunken song「酔っぱらっていながら歌を歌う」
- □ the view of blossom「花見」

> 春になると日本人は桜の木の下に座ってその美しさを満喫するのが伝統です。しかし，今の人は花見よりも，食べて，酔っぱらいながら歌を歌うほうが好きなようです。

模範解答例2

　　In the spring, Japanese people like to sit under cherry trees and view the blossom. It is customary to sit under the trees eating, drinking, or singing. (27 words)

- □ in the spring「春に」　□ Japanese people「日本人」

□ **it is customary to V**「～するのが習慣になっている」

> 　春になると日本人は桜の木の下に座り，花見をするのが好きです。木の下で飲み食いしたり，歌ったりするのが習慣です。

KP

KAWAI PUBLISHING